Series de Liderazgo Tiempo & Eternidad

Liderazgo Relevante Resultados Revolucionarios
Mandar en la Vida, el Hogar y la Oficina

Douglas Herald y Dr. Bobbie Sparks

Publicado por Time and Eternity, www.timeandeternity.net,
info@timeandeternity.net.

Time and Eternity no representa Wornick Foods.
 Es una entidad diferente, no relacionada.

Traductor: Oscar Ochoa

Gracias a nuestro editor, Joy Wong, por todo
tu trabajo y aporte.

Recursos adicionales en:
www.TELeadership.com

Propósito del libro:

Este libro fue escrito contigo en mente. Sin importar en dónde te encuentres en tu vida, tú influyes en la gente. Este libro está diseñado para ayudar a sacar lo mejor de ti y permitir hacer lo mismo por otros. Así seas un CEO de una corporación importante o un ama de casa, queremos darte las herramientas que mejorarán y ayudarán a mejorar tu vida. ¿Estás listo para comenzar?

Índice

Mensaje

Cuando era niño, recuerdo que mi papá me mencionó que: "la experiencia es el mejor maestro". Al leer Time & Eternity, me impactó lo práctico que es todo lo que Doug Herald y Bobbie Sparks comparten sobre liderazgo. Sus lecciones se basan en experiencia. Este libro es práctico.

Nehemías es la elección perfecta para la lección de liderazgo. Bíblicamente, Nehemías es de los líderes del viejo testamento. Históricamente su tarea de reconstruir Jerusalén nos recuerda la naturaleza transitoria de los logros humanos. Culturalmente podemos ver principios usados por Nehemías que son igual de relevantes hoy en día.

Doug y Bobbie viajan a través de la historia de Nehemías con un estilo que conectan directamente sus opciones a las mejores prácticas actuales en el mercado. De PDCA hasta la gestión de conflictos, podrás explorar lo que significa aplicar el "liderazgo relevante" para los "resultados revolucionarios".

Al leer este libro, le animo a considerar sus implicaciones para su vida en el trabajo - y en casa. Si bien puede no ser el "CEO" en su lugar de trabajo, Dios puede usarte como un factor de influencia para llevar estos conceptos a la vida de una manera que bendice a su empleador y establece un convincente "testigo de trabajo". Nunca olvides Romanos 8:28 que "Dios trabaja para el bien de quienes lo aman, los que han sido llamados de acuerdo con su propósito."

Los temas en Time & Eternity también hablan poderosamente a las posibilidades de una mejor calidad de vida en el hogar. ¿Qué valor tiene una cultura de confianza y respeto dentro de su familia? Qué alentador es un "siguiente nivel" de compromiso con su cónyuge o hijos? ¿Qué parte de un legado es lo que forma a través de relaciones de calidad que pasan de una generación de la familia a la siguiente?

Espiritualmente hablando, Dios puede utilizar el contenido del tiempo y de la eternidad, no sólo para perfeccionar lo que haces, sino para quien eres. La primera mitad del libro de Nehemías está escrito como un diario, y Nehemías relata la poderosa manera en la que crece espiritualmente a través de su servicio. El corazón de Nehemías se rompe para la ciudad caída de Jerusalén y la emoción que se siente es directamente desde el corazón de Dios. Nehemías se arrepiente de los pecados de sí mismo y de su pueblo, abriendo la puerta para empezar el trabajo de restauración de Dios. Nehemías integra la oración con la práctica en cada etapa de su liderazgo, y a través de esto vemos el poder de una vida integrada de la fe en el trabajo.

Lo que sé que Dios está llamando a construir - o reconstruir - Rezo para que este libro te muestre cómo.

Chuck Proudfit
Fundador y Presidente
At Work on Purpose

Introducción al Libro de Nehemías

El libro XVI del Antiguo Testamento en la Biblia es un libro con 13 capítulos llamado Nehemías. Los eventos comienzan en la parte posterior del 446 a.C en el Imperio persa bajo el reinado del rey Artajerjes. Nehemías y muchos otros Judíos habían sido llevados al cautiverio por los babilonios años antes. Los persas tomaron el control de los babilonios en el año 539 aC y aproximadamente cien años después nos encontramos con Nehemías sirviendo al rey como su copero, un papel que requiere una gran cantidad de confianza.

El hermano de Nehemías, Hanani, y varios otros viajaron de Judah (su tierra natal y la ubicación de Jerusalén) y reportaron las condiciones a él. Su corazón se rompió por su pueblo y por la ciudad que había sido destruida. Después de orar y ayunar por días se fue a servir al rey su bebida. Con una cara de tristeza en la presencia del rey (un crimen digno de una pena de prisión o la muerte), A Nehemías se le dio la oportunidad de pedir el favor del rey y fue enviado de vuelta a dirigir al pueblo en la restauración de su patria.

Se creó un plan, los detalles fueron arreglados, y Nehemías empezó la reconstrucción de la ciudad mientras se enfrentaba a peligrosos enemigos por todas partes. Las cualidades de liderazgo necesarias para llevar a cabo una empresa tan enorme dicen mucho del carácter y la capacidad de Nehemías a quien genuinamente le preocupan las personas durante la comunicación clara y sabia. En 52 días, la muralla de toda la ciudad, alrededor de 4,5 millas, y sus puertas, se completaron (Murray y Porter 1868). En el momento en que se completó la muralla, más de 40.000, exiliados habían regresado a Jerusalén y Judah para reiniciar la vida allí. Jerusalén era el centro de todo orden para los Judios.

Como líder, Nehemías estaba a cargo, no sólo de la construcción de un muro, sino de la creación de una infraestructura que resista la prueba del tiempo. Él tuvo que desarrollar otros líderes, construir una cultura basada en una base sólida, y fijó el estándar a seguir por otros. Lo hizo con fe y humildad. Luchó contra la injusticia, promovió el crecimiento, se preocupó por la gente, y trabajó al lado de la gente, fomentó el respeto y la confianza, y se convirtió en uno de los más grandes líderes de los que podríamos aprender. Tómese su tiempo y lea a través de la narración de la sabiduría densa de Nehemías que fue la inspiración para este libro.

Glosario de términos

5S: Sistema para la organización de áreas con el fin de aumentar la productividad.

Andon: Término japonés para "luz". Un Andon es un indicador visual de un problema que hay que abordar.

Gemba: El término significa "lugar real." En este libro, el término se refiere a ir al lugar donde se produce la acción.

Hoshin: Una herramienta estratégica para determinar el norte real, es decir, el propósito y el enfoque del plan de cada una.

Estándar: Un sistema de juego que establece claramente las expectativas y responsabilidades.

Sistema de Producción Toyota (TPS): El sistema creado y utilizado por la empresa Toyota en la fabricación, utilizada para eliminar el desperdicio y aumentar la productividad, mientras construye líderes de servicios.

Capítulo 1
Introducción

El arte de crear un cambio positivo en las personas, empresas y organizaciones se realiza mejor a través de un liderazgo de servicio. El cambio puede ser conducido por desesperación o inspiración, pero más a menudo viene debido a la desesperación. El propósito de este libro es enseñarle los principios de liderazgo que realmente pueden estimular el cambio positivo dentro de los individuos, familias, organizaciones e incluso los países para que estén preparados para realmente hacer una diferencia en su propia vida y las vidas de quienes le rodean. El tipo de liderazgo que estamos hablando no está en una posición, sino más bien en una acción de una persona. Hay todos los tipos de líderes: los buenos, los malos, los que conducen a la destrucción, los que llevan a las personas con interés a algo mejor, y los que no lo hacen realmente parecen hacer nada en absoluto. La clave es entender el "qué", "cómo" y "quién" del liderazgo.

Nuestro deseo mientras lea este libro es enseñarle el liderazgo de una manera que le ayuda a afectar a las personas y traer propósito en sus vidas a través de lo que hacen. Este no es un libro sólo de llevar a la gente de un lugar de trabajo, sino sobre el liderazgo en la vida como un todo, ya sea como un padre, un esposo, un amigo, o en cualquier papel que usted pueda llenar. Nuestro deseo es que seas el tipo de persona con la que otros puedan contar y buscar en tiempos de dificultad, ya que pueden confiar en ti, y para que usted sea en el que ellos se apoyan porque usted es una fuente de aliento e inspiración.

Todos nosotros estamos siguiendo algo o alguien. Elegimos ser seguidores. No se puede ser un buen líder sin ser primero un buen seguidor. En este libro, vamos a ver específicamente hablando el liderazgo de servicio, que primero implica aprender a ser un buen seguidor. Vamos a hablar sobre el tipo de liderazgo que sirve a la gente y les da la oportunidad de ir a un lugar al que no se hubieran ido por su cuenta, el tipo de liderazgo que da sentido a las personas, mostrándoles que hay una persona que realmente se preocupa por ellos.

Es fácil de manejar en procesos, o incluso a las personas, pero no estamos hablando acerca de la gestión, estamos hablando de ser líder. Estamos hablando del liderazgo inspirador que da sentido a lo que sucede en la vida real, que luego a su vez, genera un cambio positivo, el liderazgo que da propósito de más a la vida. La próxima generación que entrará en la fuerza de trabajo no ha, en su conjunto, aprendido a tratar con la gente o cómo interactuar muy bien. El Liderazgo enseña cómo hacerlo. Entonces, ¿cómo podemos llegar al lugar a donde podemos llevar a la gente de verdad y llevar a las personas que quieren seguir con nosotros de la forma en que la llevamos? Nos ocuparemos de esto en los capítulos posteriores. Sí es posible.

Liderazgo hecho a la preocupación por los demás es un liderazgo. Se trata de cuidar y ayudar a la gente a llegar al siguiente nivel o escalón. Dar y seguir un plan, mantenerse disciplinado y tratar a las personas con justicia y respeto, son pilares fundamentales que proporcionan una base sólida para que otros puedan valerse por sí mismos sin llevar a cabo.

Usted puede dirigir sin preocuparse, mucha gente lo hace, y es probable que pueda nombrar algunos ejemplos. Hay un montón de personas que siguen líderes que no les importan. Usted puede estar trabajando bajo el mismo mando en su oficina todos los días. Esos son los jefes que le administran por deber, la obligación, la necesidad de un trabajo, la necesidad de sentirse querido o tal vez otros, pero no estamos hablando de ese tipo de liderazgo. Estamos hablando de liderazgo demostrado a través del cuidado, la compasión, y el propósito que ayuda a las personas a alcanzar sinceramente un potencial que puede ser que ni siquiera sepan que existe.

¿Esto suena demasiado idealista para usted? Bueno, ¿y si usted fuera capaz de ver que hay empresas que han construido culturas como ésta donde hay respeto mutuo, tanto de la dirección y los empleados? Donde realmente trabajan como un equipo y los trabajadores se valoran? No es fácil crear esa cultura, pero es posible y este libro comenzará a abrir las puertas para que eso suceda, ya sea bajo su dirección o a través de su influencia allí donde se encuentre, incluso si es sólo como empleado. Usted puede hacer una diferencia y ser un catalizador para el cambio constructivo.

A medida que aprenda a través de este libro y la experiencia que nos da Nehemías en volver a reconstruir una ciudad en un ambiente hostil, con una fuerza de trabajo de voluntarios y todos contra él, podrás ver una imagen de verdadero liderazgo. Para ser muy claro, este libro hará referencia a la Biblia a menudo. Se guía a través del libro de Nehemías que se encuentra en el Antiguo Testamento. Los pilares de cada gran empresa se basan en los principios que se pueden encontrar en la Biblia, pero muchos no saben que existen o dónde encontrarlos. Así que si usted es un cristiano, un budista, un ateo, un musulmán, o cualquier otra cosa, sepa que los principios derivados de este libro serán aplicables a usted y al trabajo que hace.

Usted no está dirigiendo si usted va en la misma dirección que el resto de la gente, es decir, a menos que usted sea la persona en la parte frontal. La palabra "líder" tiene historia en muchos lugares, en uno de esos lugares el concepto de "líder" proviene de una palabra muy especial ", Pathfinder." Tribus indias utilizan este término para describir un "plomo" cazatalentos que enviaron a determinar qué camino era seguro y cuál es el camino que era mejor. A su regreso, llevaría a la gente a un lugar mejor. Piensa en eso por un momento. Nehemías fue sin duda un pionero. Ciertamente entiende una vocación que era más grande que él mismo. Cuando ejecutamos una organización o equipo, hay que tener en cuenta que es más grande que nosotros, es más grande que lo que somos como individuos. Ser consciente de la imagen más grande le permite ser el "pionero" para su familia, amigos, compañeros de trabajo, empleados, iglesia u organización sin fines de lucro. Usted se convierte en el scouting, encargado de informar de la visión, y que lleva a la gente a un lugar mejor.

La preocupación por los demás que están en el viaje con usted distingue siervos-líderes. Nehemías le pregunta acerca de la condición de su hermano y la gente de su nación desde el principio. Mostró su corazón, que estaba lleno de atención genuina para el pueblo. A veces como líderes podemos sentir una sensación pasada y perder de vista la preocupación por los demás. Una vez estamos más allá de los sentimientos, ya no somos capaces de realizar liderazgo de servicio, sino que consideramos que se conduce como una simple tarea. Si es sólo una tarea, entonces usted está trabajando para un propósito impuro, que es frustrante y sigue alimentando el vacío. Este libro está aquí para enseñar sobre el liderazgo con un propósito, no sólo para ayudar a llenar el vacío, sino para ayudarle a construir en otros con la intencionalidad y la sustancia de manera que usted se aleje de cada día con satisfacción.

Qué se puede aprender de este libro:

1.) Entender el por qué. Definir el propósito de tu negocio.

2.) Crear y definir un plan de negocios usando la disposición de Nehemías. Muchas personas no piensan que necesitan un plan, pero un plan de negocios le permite establecer metas, mantenerse en el camino e invitar a otros a ser parte de ese plan. Esto ayuda a asegurar que todas las tareas se hacen correctamente y que nada se pasa por alto.

3.) Los pasos iniciales de poner ese plan en marcha. El manejo de los problemas cuando surgen, cómo tratar a la gente de la manera correcta, la creación de normas y seguir adelante con ellas, cómo mantener la persistencia, y la forma de crecer a partir de la resistencia en lugar de darse por vencido, así como la superación de las dudas están todas cubiertas en este libro.

4.) PDCA: (Plan, Do, Check, Adjust) Planificar, Hacer, Verificar, Ajustar. Crear, hacer, comprobar y ajustar su plan le permite mejorar continuamente sobre ella. Cada plan de batalla es bueno hasta que el primer tiro se disparó y luego los ajustes tienen que hacerse de acuerdo para asegurarse de que se está avanzando y que la batalla se está librando con el propósito correcto. Cómo diseñar un plan y para comenzar a caminar a través de él, debemos ser capaces de manejar lo inesperado. Un amigo de Doug, Ray

Attiyah lo llama, "Ejecutar Mejorar Crecer". Cómo corremos, mejoramos y crecemos. Toyota Motor Corporation llama "PDCA". Lo que usted está haciendo, usted tiene que tener un plan. No sólo hay que tener un plan, usted debe hacer el plan. Mucha gente tiene grandes planes y sin embargo nunca hacen nada con ellos. ¡Qué desperdicio! Pero cuando lo hace el plan, usted también tendrá que parar y comprobar lo que se está haciendo y las circunstancias actuales, y luego ajustar en base a lo que ha cambiado desde el plan inicial que fue instaurado.

5.) Los líderes que sirven son los líderes que se siguen. La gente te seguirá por miedo, pero sólo lo harán hasta que encuentren a alguien más para seguir. El miedo es un motivador, pero no uno muy bueno. El Liderazgo de servicio conduce de una manera que sea beneficiosa para todos. Vamos observar a los líderes que se siguió de buena gana.

6.) No deje que el progreso sea una caída. Hay que mantenerse en movimiento incluso cuando crees que estás haciendo progresos, porque siempre hay más camino por delante. Esa es la idea de un ciclo de mejora continua y la mejora continua de la vida que usted debe llevar. Asegúrese de reconocer de dónde ha venido y celebrar las victorias en el camino, pero véase también donde hay espacio para crecer y mejorar. Es fácil mirar atrás y ver lo lejos que ha llegado en un período de tiempo, que es grande, pero usted quiere moverse continuamente hacia adelante y no estancarse. El objetivo es ser una persona mejor hoy que ayer.

7.) Compromiso de los empleados. ¿Cómo se empuja a la gente al siguiente nivel? ¿Cómo te motiva, y conseguir que quieran participar en lo que estás haciendo? ¿Cómo se puede escuchar a la gente y utilizar bien sus dones? Su mayor activo es la gente en casi todos los casos, por lo que debe valorarlos. Enganche el grupo de expertos, ya que dos cabezas piensan mejor que una. Recuerde que, como dice el refrán, las personas que juegan juntas, permanecen juntas, así que asegúrese de que las personas se rían juntas y construya relaciones sólidas. Asegúrese de que los entornos sean positivos. Preocúpese lo suficiente para saber acerca de alguien; la vida, la familia, y los sueños, y de que lo haga sin una agenda oculta. Tenga suficiente interacción con la gente de manera que se pueda decir que las cosas no están bien y estar disponible para ayudar sinceramente en tiempos bajos, así como para celebrar, en los momentos buenos.

8.) Enseñar la cultura a los novatos. La enseñanza a las nuevas personas para que comprendan y aprecien el estado actual y la historia es vital para el mantenimiento de la cultura deseada. En un lugar establecido, puede tardar 3-5 años en crear la cultura que usted desee en su familia o lugar de trabajo. En uno que se está construyendo desde cero este se puede hacer más rápido. Para cualquiera de los previamente establecidos, o culturas de nueva creación, siendo capaz de formar a la nueva gente que viene y que tienen un sistema para hacer que desde el principio es necesario. Su cultura ha de ser pensada a fondo y creada con el fin en mente. La gente tiene que ser enseñada y ofrecer tiempo para adaptarse a medida que llegan. Se necesita el compromiso, la confianza, y el desarrollo de un nuevo liderazgo con el fin de garantizar que las adaptaciones culturales sigan ocurriendo. La única manera de ampliar y mantener la misma cultura es el desarrollo de nuevas personas en roles con expectativas claras y coaching.

9.) El desarrollo de los nuevos dirigentes. Si desea el siguiente trabajo se recompense por hacerlo. Una gran cantidad de personas exigen el siguiente trabajo y luego empiezan a hacerlo. Por el contrario, se trata de ir más allá y dar más de lo que pagó ya. Esto hace que sea natural para obtener promociones porque ha sido probado digno de esa responsabilidad y ha demostrado valores de caracteres fuertes. Es el principio de la siembra y la cosecha. En el fútbol, se llama el próximo hombre arriba. La siguiente persona en línea para un puesto está capacitado y perfeccionado para que estén listos para intervenir a esa posición cuando se les pide.

10.) El cuidado de empleados. ¿Cómo trata a sus empleados? ¿<Como organización? ¿Como una organización no lucrativa sin un montón de fondos? ¿Cómo se toma el cuidado de su gente? Usted puede ser una gran organización con un montón de fondos y personas de alto valor que usted está pagando bien, pero ¿cómo cuidar de ellos más allá de dar un salario? ¿Cómo se les hace saber que te preocupas por ellos?

11.) Gestión de Conflictos. Ocurrirán conflictos. Cuando usted esté trabajando con la gente y empieze con el plan, pronto verás que no se cumplen las normas, las personas no están haciendo lo que se comprometieron a hacer, o algo está sucediendo que no debería. ¿Qué hacer para traerlos de vuelta al plan sin destruir a la persona? ¿Sabes cómo mejorar efectivamente a la gente conflictiva en lugar de romper hacia abajo para que la relación y la confianza sea más fuerte después de lo que era antes? ¿Practica mejorar juntos en lugar de individualmente? ¿Cómo se crea un ambiente donde la gente sienta la libertad de expresar sus heridas, las ideas y pensamientos de una manera positiva en lugar de mediante el miedo? ¿Cómo se manejan personalidades y opiniones fuertes? Vamos a abordar estas cuestiones para que el conflicto sea visto como una oportunidad para el crecimiento en lugar de una disciplina.

12.) Construir relaciones de calidad. Dan Pena dice: "Muéstrame tus amigos y te muestro tu futuro." Hay mucho de verdad en esa afirmación. Mucha gente en sus vidas actuales simplemente no quieren ir más allá. Sus amistades cambiarán. Bob Proctor lo dice de esta manera, "le va a ir con menos frecuencia y que no va a quedarse todo el tiempo, "porque verá la dinámica de las relaciones empezar a cambiar si tus amigos no están creciendo personalmente también. ¿Cómo podemos todavía construir y mantener relaciones de calidad que están creciendo y en desarrollo de diferentes maneras? ¿Cómo mantiene relaciones con amigos, familiares y otras personas que ya no se ven tan a menudo o pasa tanto tiempo? ¿Cómo usted permanece leal y fiel, y demuestra un amor que se extiende más allá de los tiempos buenos o los malos, pero es constante y vivificante? ¿Cómo mantienes un amigo cuando otros están abajo y hacia fuera y realmente luchando? ¿Cómo construir y mantener relaciones de calidad?

Hay mucho que recoger en este libro. Que las verdades profundamente hunden y comienzan a causar el cambio en tu corazón que será visto en tu vida. Este libro es para todos. Desde los que se quedan en casa, los padres que llevan una familia en la primera línea, los empresarios, pastores, empresarios, empleados, gerentes y más, los principios que usted encontrará en este libro se aplican a todos. Es posible ser un catalizador para el cambio positivo. Es posible crear una cultura de trabajo o en la casa que construye la gente y saca lo mejor de cada individuo. Es posible, y comienza con usted.

Capítulo 2
Nehemías 1
Empezando

Lo primero que tenemos que mirar es el propósito, o el "por qué", ya que a menudo se refieren a ella. Desde el comienzo del libro de Nehemías, somos capaces de analizar rápidamente el propósito de Nehemías. El verso 3 del capítulo 1 habla de la necesidad, lo que es importante para él. Su hermano y algunos otros conversaron con Nehemías sobre la gran tribulación, el quebrantamiento, y la destrucción de su pueblo. Cuando él se enteró de ello, cayó, lloró y lloró. Estaba en shock. Pero en lugar de seguir lamentándose con la noticia, fue motivado con el deseo de hacer algo al respecto. Su "por qué" se alimentó y comenzó a planificar en oración.

A medida que empezamos a ir hacia adelante al hablar de liderazgo y de cómo empezar, es crucial tener un propósito explícito y claro, un "por qué" que todos a bordo conozcan. Necesitamos una comprensión bien definida de lo que queremos hacer y hacia dónde queremos ir. Debido a que Nehemías había oído hablar de la aflicción de su pueblo, tenía fácilmente un "por qué" y eso se ve claramente por otros. Piense por un minuto cuál es su "por qué". ¿Usted tiene un propósito claro en su vida familiar, empresarial, iglesia u organización sin fines de lucro? ¿Son los que te rodean conscientes de su "por qué"? ¿Se le recuerda y se les recuerdan a los suyos? Si usted no conoce su "por qué", no se preocupe, está bien. Tal vez este libro le ayudará a definir algunos de los "porqués" de su vida.

El Apego emocional de Nehemías a su "por qué" está alimentado a su ilusión y ganas de empezar. Somos capaces de ver la inversión personal a través de su genuino cuidado y su disposición a dejar que otros vean su vulnerabilidad. Permitió que esas emociones reunieran a otros a su lado. A veces, el "por qué" está muy cerca de ti. Por ejemplo, en una familia, puede ser una demostración de afecto o un apoyo incondicional del uno al otro. Usted puede escribir una declaración de la misión de la familia. Sí, la gente realmente hace esto, y es útil. Puede sonar algo como esto:

"Nuestra misión es ayudarnos como familia entre sí, lograr nuestras metas y aspiraciones individuales, mientras crece nuestro intelecto, se construye nuestra fe, se fortalece nuestra integridad y carácter, y así enriquecemos a nuestra familia. Cada individuo es responsable de la construcción de unos a otros, de modo que incluso cuando vivimos como individuos, estamos trabajando para el mejoramiento de tu vida sabiendo que a medida que florece la familia, cada uno de nosotros también crecemos."

Otro "por qué" en los negocios, la iglesia y otras áreas pueden ser muy diferentes. Tal vez su objetivo es ganar dinero para que pueda regalarlo. Tal vez es construir una sólida reputación que hace que la gente vea que eres un peregrino leal. Tal vez sería ahorrar dinero para llevar a su esposa a un crucero. Sea cual sea su "por qué", defina y comparta con otras personas para ser recordados de la misma manera.

Lanzar una visión clara de su "por qué" les dice a los demás lo que todos ustedes están haciendo, por qué lo está haciendo, a dónde va, y lo que sucederá una vez que haya llegado. Usted está pintando un cuadro de objetivos, y la confianza en las personas. Ellos son los que exploran el terreno antes que otras personas para entender la actualidad, evaluar las condiciones de su pasado, y transmitir una visión futura de la dirección que se beneficiarán todos los que le siguen. Definen la ruta y establecen la visión de tal manera que hace que otros sigan voluntariamente con el respeto y la confianza de que su propio bienestar está en la mente. Los líderes sirven a los demás, no sólo para ayudarles a captar la visión, sino también para alcanzar sus metas.

Una de la características de la "búsqueda de caminos" de los líderes es ser capaz de ver el panorama que no todo el mundo ve. En el verso 5, Nehemías busca el favor de Dios y desea ver el panorama con claridad. Comienza a identificar lo que llamamos "True North" (o el Norte Verdadero), que es el propósito de su misión. Al igual que Nehemías reconoce que Dios es el que da la dirección, las empresas también necesitan una dirección. Es importante crear un norte verdadero. Es el punto de referencia a la que todos los objetivos y metas se dirigen. Digamos, por ejemplo, que el norte verdadero es convertirse en el proveedor líder de Estados Unidos para un producto específico que usted fabrica. Marca sus objetivos en 1, 3 y 5 años, todos deben estar alineados con el norte verdadero, su objetivo principal, así como todos los objetivos y evaluaciones en el camino. La identificación de este "True North" para su situación ofrece un objetivo singular que todos los departamentos o miembros se esforzarán en alcanzarlo. ¿Ha establecido un norte verdadero, y si es así, está todo el mundo consciente de lo que se trata? ¿Qué es lo que realmente quieres lograr? No tenga miedo de soñar en grande.

Muchas personas pasan mucho tiempo buscando la voluntad de Dios pero permanecen en un solo punto, inmóviles, porque no hacen nada por encontrarlo. El liderazgo implica ver una necesidad o propósito dentro de su negocio, organización, iglesia, o la vida misma, y tomar medidas para avanzar dentro de aquello. Es importante reconocer la debilidad de la insuficiencia humana en las personas que están contigo, y también en ti mismo. La importancia de la comunidad no se puede enfatizar lo suficiente. Dejar a un grupo de personas de confianza refinar su plan, golpear como dicen algunos, y filtrar los defectos o debilidades identificadas. Sobre la base de los puntos fuertes de un grupo confiable de las personas, disminuye las deficiencias del plan que podría inhibir su crecimiento y éxito, mientras se aplican las estrategias que hayan acordado.

Pero tenga cuidado, ya sea en estos grupos, o solo, de vivir con la duda. Cuando dudamos, a menudo tendemos a detenernos y quedar atrapados en el lodo cenagoso. Los líderes no pueden darse el lujo de proseguir por mucho tiempo. Hay momentos en la vida en que hay que reducir la velocidad y reevaluar, pero nunca detenerse por completo. En Filipenses 3, Pablo describe esto como presión hacia la meta, impulsar continuamente en lugar de detenerse en el pasado. Hacer frente a la vida, preparándose para lo que viene. Si eso es caminar por las muertes, problemas familiares, problemas de comunicación, conflicto, tensión financiera, o cualquier otro problema, debe tener listo un sistema para sobresalir en el momento indicado, para que no te quedes truncado mientras la vida continúa. Sea consciente de la duda que impida su crecimiento.

En asociaciones, equipos, familias y organizaciones, tiene que haber alguien en algún momento que tome la decisión de continuar. El tiempo es un recurso importante, como vemos en la vida de Nehemías. No se limitó a escuchar las tristes noticias, al contrario, sintió el deseo de ayudar, y corrió afuera con un caballo para salvar el día. Él fue como un jinete solitario en un pensamiento, pensaba liderar y hacer algo grande, pero en realidad estaba solo construyendo su propio camino. Si usted está avanzando y nadie lo sigue, entonces está tomando un paseo solitario y es recomendable reevaluar hasta donde llegó. Como líder debe tener su gente. En una organización, no importa cuán grande o pequeña sea, con fines o sin fines de lucro, todavía tiene que dirigir, y también requiere que algunas personas. Usted debe entender que el propósito es mucho más grande que sus intereses.

Nehemías regresó con poca prisa, y humildemente habló con el rey cuando se le presentó la oportunidad. Lo hizo sin quemar puentes, mientras intencionalmente se ganaba la consideración de la autoridad que estaba por encima de él. A veces, cuando utilizamos nuestras propias capacidades o afirmamos nuestra posición, es fácil de ser arrogante y autoproclamarnos de justicia propia, haciendo que las relaciones se rompan y causen daños a posibles compromisos futuros. El Liderazgo de servicio siempre se centra en ayudar a otros para llegar a donde necesita ser. Fomentar las relaciones, difundir valentía al grupo, inspirar esperanza y promover la colaboración estimula la motivación y el desarrollo para todos los involucrados. Luego, la inversión en las personas se llena de propósito, razón y la gratificación.

Cuanto más entienda acerca del liderazgo de servicio, más se entiende lo que se supone que debemos hacer en la vida. Estamos para servir a la gente en la mansedumbre. Cuando Cristo se arrodilló y lavó los pies de Pedro (Juan 13), él demostró humildad sirviendo a aquellos que llevó. En ningún momento Cristo demostró autoritarismo con Pedro, simplemente disminuido por el lavado de los pies, se puso en su lugar, y así se da la admiración y el respeto hacia sus compañeros. El poder y control nunca fue petición de Cristo, pero se le dio libremente a él por su verdadero amor y preocupación por las personas que lo siguieron. Nehemías condujo de esta misma manera. Él podría haber creado un plan y ejecutarlo sin la aprobación del rey, pero reconoció su posición en la vida y procedió con respeto y prudencia.

El liderazgo requiere que usted sepa cómo aprovechar y utilizar otros talentos, así, no de una manera manipuladora o perjudicial, pero sí de una manera rentable para manifestar cualidades de individuos. No importa lo mucho que quiere hacer cosas por su cuenta, reprima ese impulso. El poder viene de la gente. Nehemías comienza el versículo 6 de manera comunitaria. Comienza con "nosotros", y eso es muy importante. El liderazgo debe comenzar con "nosotros" en mente. Esto sucede a través de la participación de los miembros del equipo, empleados, compañeros de trabajo o incluso su familia. Ser líder en el hogar es muy importante, y a menudo lo hacemos mal porque no involucramos a toda la familia, y así descuidamos nuestro equipo de casa. Doug ha educado a sus 3 hijas y dice esto acerca del liderazgo en el hogar, "Cuando mis hijas van creciendo, he aprendido que no es una cuestión de gran "yo" y poco "que dé ", pero tenemos que trabajar en conjunto como estamos todos, interdependientes." Trabajar como grupo exige el respeto y la cooperación. Cada persona debe mantener un carácter de fiabilidad y confianza.

Un gran ejemplo de respeto mutuo se puede encontrar a través del ejemplo de llegar a tiempo. Hay personas que dicen ser líderes, y no saben que llegar tarde es una falta de respeto hacia los demás. Su trabajo como líder es servir y predicar con el ejemplo. Llegar a tiempo demuestra respeto a tu gente. Llegar tarde a una reunión en la que 10 personas están esperando es una falta de respeto. Alguien puede decir: "Bueno, ellos deben estar esperándome." No, no debería pensarlo de esa manera. Usted debe ser el líder que está ahí para servirles. Habrá momentos cuando suceda algo importante y usted se presente tarde, pero no se acostumbre a ello después. ¿Eres tú el que es conocido por llegar tarde a veces? Tu personaje debe ser uno que está por encima de cualquier reproche. Llegar tarde a la iglesia y a las reuniones muestra la arrogancia y la falta de respeto demostrando que el tiempo de ellos no es tan importante como el suyo propio. Ser un líder significa mostrar respeto a otras personas sin importar si usted está "a cargo" de ellos o no. Demuestra que usted piensa que su tiempo es importante y que vale la pena la inversión en sus vidas, que a su vez se basa en la confianza y ayuda a crecer como personas.

Como líderes, a medida que crezcamos, se tiene que manejar horarios agitados. Tienes que estar seguro de que su tiempo está dirigido por usted para ser consciente de las limitaciones y que todos sean capaces de mantener sus compromisos. En el orgullo, muchos comienzan a ver que su tiempo es más valioso que el de otros, pero esto no es verdad, solo conduce a romper relaciones y tener menos éxito de lo que podría haber sido si los demás sabían que verdaderamente se preocupaban por ellos y serían guiados en la humildad.

Si usted tiene una reunión con 10 personas y vas 5 minutos tarde, se han perdido ya 50 minutos en conjunto que podrían haber sido utilizados por esas 10 personas. En las grandes empresas o fábricas, 50 minutos podrían costar más de un millón de dólares en productividad.

Aunque las cosas como llegar tarde suelen parecer pequeños e insignificantes, cuando se hace de esto un hábito causan desconfianza. ¿Cómo son sus palabras y acciones, y de qué manera demuestra respeto hacia los que te rodean? ¿De verdad las valoras con sus acciones?

El liderazgo no es un título, pero es una influencia que fácilmente se gana o se pierde. Ten cuidado de no decir nada negativo a alguien acerca de otras personas. Al corregir, enseñar y capacitar, el mentor o entrenador lo hace en un grupo grande sin señalar nombres o acontecimientos específicos, o uno-a-uno fuera del resto del grupo. Esto demuestra el respeto y evita la vergüenza hacia esa persona. Esto demuestra que realmente quiere ayudarlo a crecer, no sólo estás buscando una oportunidad de criticar para que actúe mejor.

Cuando usted se acerca a la gente que está liderando se vuelve fácil ser laxos con la lengua. Su intención puede ser inofensiva, pero cuando se hace frente a los que están trabajando con sí mismos, puede ser fácilmente mal recibida y descredita a ellos y su papel. Proverbios 18:21 nos dice que la muerte y la vida están en poder de la lengua, pero, por desgracia, su uso para la muerte es a menudo nuestra primera reacción. Hacemos mucho más de las muertes que la curación con las palabras que proceden de nuestros labios. Tienes que llegar al punto de instruir a la gente en público como un grupo y el entrenador con respeto y aliento como individuos.

Matar con palabras, ocurre comúnmente cuando las personas caminan en nuevos roles, pues pueden cometer errores. Sea rápido para enseñar en lugar de destruir en este tipo de situación, así permite un entorno de crecimiento y creatividad para aumentar la productividad. Avergonzar a la gente públicamente nunca beneficiará a la organización. Se desgarra las relaciones y rompe la confianza.

Una cualidad de un buen líder es la capacidad de tomar las situaciones que parecen muy grandes y catastróficos, y minimizarlos. Deben tratar de mirarlo a usted como su líder para ayudarles a sobrevivir estas cosas. Siempre debe estar preparado para esperar algo de terreno rocoso por un rato hasta que las cosas se calmen. A medida que avance su función, prevea como Nehemías, pasando de un copero a un líder de una nación. Reconozca sus deficiencias, pero no permita repetir errores de ayer para evitar ser lo que puede ser hoy. Si usted permite que sus propios u otros defectos y fracasos sean abrumadores, podrás perderte en la mezcla y otro se levantará para conducir al pueblo a partir del caos. Tienes que mover continuamente hacia adelante, crecer, aprender, y minimizar la confusión en pasos solucionables.

Al recordar su primera promoción, Doug dice: "Un día yo estaba trabajando con todos mis amigos, y al día siguiente, yo era su supervisor y fue terriblemente incómodo. Pero conociéndolos supe cómo aprovechar sus capacidades, y eso permitió el crecimiento de todo el equipo." Reconozca que usted ha sido promovido a esa posición porque alguien te vio con esa capacidad y ese carácter necesario para asumirla. Acepte que usted está en el presente y no se detenga de nuevo por situaciones del día anterior. Avanza con calma y busca una oportunidad de crecer sin detenerse por deficiencias o problemas. Nehemías se preparaba para asumir la tarea más grande de su vida, y sin duda uno de las mayores tareas para la nación de Israel. Él se estaba preparando para ir a donde nadie más quería ir y hacer lo que nadie más estaba dispuesto a hacer. El director general de la Corporación de Cinnabon, Kat Cole tiene el mantra: "¿Si no lo hago yo, quién?; ¿Si no es ahora, cuando?" (Restauri 2014)

Esta es una buena perspectiva para asumir la vida. Si no es así, ¿entonces quién? Si no es ahora, ¿cuándo? Al final, alguien deberá tomar el papel de un líder. ¿Por qué no usted?

Nehemías ni siquiera estaba buscando un papel de liderazgo, pero se encontró en medio de una, porque tenía una carga y vio la necesidad. Usted puede tener un papel porque usted vio una oportunidad, una necesidad, o algo más. En cualquier caso, hay que reconocer que el liderazgo pasa mejor desde el frente con respeto, humildad, y con un corazón de siervo. Vivimos en un mundo donde la gente ya no acepta la falta de respeto de las autoridades; se levantan y luchan. La gestión de ellos ya no funciona, si se realiza por la fuerza sólo conduce a más volumen de empleo, aumentando gastos en la compañía. Liderar con gracia, misericordia y atención, atraen a la gente de buen grado y les abre hacia el crecimiento personal. Nehemías estaba a punto de comenzar algo realmente grande. Vio, mientras se preparaba para comenzar, que había un "por qué"; un propósito. Él estaba allí y podía satisfacer las necesidades de la situación. Reconoció la voluntad de Dios y las oportunidades antes que él. Por último, sabía dónde estaba, sin embargo, eso nunca fue impedimento para llegar a donde iba.

Capítulo 3
Nehemías 2:1-10
Plan de Negocios

En el capítulo 2 de Nehemías, la historia pudo dar un giro muy diferente. En lugar que Nehemías se lamentara por una necesidad, deja su zona de confort, y establece un plan, como un pícaro para reclamar la victoria, lo encuentras haciendo exactamente lo que había estado haciendo, con fidelidad. Su visión, sin embargo, fue diferente. Tanto es así, que hizo que el rey lo tomara en cuenta. Estar en la presencia del rey con un semblante abatido podría significar la muerte inminente. No se le permitió. Del mismo modo, cuando se empieza a desarrollar su plan, es importante tener en cuenta el costo que estará involucrado. Contar con la presión y dificultad le permite estar preparado para cuando llegue.

El peso de liderar a otros caerá sobre usted, y debe ser capaz de ponerse por debajo de ella, con los pies bien firmes. Tenga esto en cuenta al empezar a formular un plan. A veces las presiones de liderazgo para una visión son muy exigentes. Nehemías, como copero del rey, estaba al tanto de las presiones frente a él, pero éste habló con convicción cuando el rey le preguntó qué le pasaba. Estaba preparado para dar una respuesta, una respuesta que habló del "por qué" en lugar del "cómo". De la misma manera, usted debe estar dispuesto a dar su "por qué", que despierta emociones y atrae a otros a su visión.

Nehemías sabía que necesitaría la aprobación del rey para que las cosas se hagan bien. Él era un copero, no un capitán del ejército. No tenía gente para reunirse, tampoco una cadena de suministro para él. Necesitaría ayuda. Al igual que Nehemías, identifique de quién debe tener la aprobación con el fin de continuar lo planificado. Al iniciar un negocio, ¿Qué formas no es necesario haber completado? ¿Qué información tiene que ser presentada? ¿Qué permisos necesita obtener? ¿Qué figuras de autoridad local, se necesitan para buscar el fin de tener gracia sobre sus esfuerzos? ¿En una familia, es cónyuge de acuerdo con sus decisiones? Si no es así, ¿cuáles son los factores que intervienen en la razón por la que no lo son? ¿Ha compartido lo suficiente con sus hijos para que se sientan que son parte de su

plan en lugar de un producto derivado de la
misma? En las iglesias, ¿has compartido con tu
grupo de la comunidad acerca de tus planes y has
recibido retroalimentación piadosa de ellos?
¿Están los ancianos o diáconos de acuerdo con las
decisiones que se toman para todo el grupo? El
paso por el proceso de obtener la aprobación
puede parecer engorroso, pero tenga en cuenta
que en la construcción para cualquier estructura,
la fundación es la que lleva más tiempo construir.
Sin una base firme, la estructura está destinada a
caer.

Se ha dicho que usted sabe lo que una persona es
un apasionado por lo que están constantemente
hablando. Lucas 06:35 dice: " Antes bien, amad a
vuestros enemigos, y haced bien, y prestad no
esperando nada a cambio, y vuestra recompensa
será grande, y seréis hijos del Altísimo; porque El
es bondadoso para con los ingratos y perversos.
" . Lo que está en tu corazón es lo que sale de tu
boca. En el versículo 3, Nehemías habla
claramente acerca de lo que estaba en su corazón.
Su deseo sincero de ayudar con el

quebrantamiento de su casa era concisa, pero a la vez conmovedora.

Si te fijas, comenzó con una pregunta retórica. Jugó con las cuerdas del corazón del rey al conseguir simpatizar con su deseo. Los planes de negocio y de la vida que se presentan y que captura la atención son los que hablan de una verdadera pasión para satisfacer una necesidad real personal para el presentador, aquellos en los que el corazón de la persona que se deja sobre la mesa en completa vulnerabilidad. En estas situaciones, se puede saber que con o sin su ayuda, esa persona va a ver el proyecto hasta su conclusión. Nehemías hizo lo mismo aquí. Mostró en presencia del rey que su anhelo de su casa pesaba más en su corazón que en su propia vida. Ese tipo de determinación y voluntad dice mucho del carácter de uno como líder.

Al comenzar a formular la manera de presentar tu plan para lo que consideres necesarios, decide qué es lo que realmente quieres transmitir. A menudo tienen un solo impacto para presentar su idea, producto o plan para alguien por lo que debe hacerse bien. Siga los pasos de Nehemías y lance un hueso para ver lo bien que se recibe. No saltar a explicar todo el cuadro en un principio, sin dar suficiente información para interesar al rey, incitándolo a pedir más. Cuando se prepara para tratar con empresas, tal vez necesites buscar consejos sobre cómo lanzar una idea de una persona de mente comercializadora. Al dirigirse a su familia o amigos, puede que tenga que comenzar con el por qué algo es tan importante para usted antes de explicar todo el plan con el fin de evitar la mirada fija en los ojos saltones y bocas abiertas en su cara de asombro.

Una vez que tenga un plan, prepárate para presentarlo a aquellos que necesitan oírlo. Tal vez es a su familia, al consejo de administración, un grupo de inversionistas, el gobierno, o un pequeño grupo de personas de confianza. Analizamos a Nehemías haciendo lo mismo en el capítulo 2 comenzando en el versículo 3. Él tenía una carga, reunió información y se dispuso a compartir su plan con la persona que necesitaba oír. El rey era el que le podría ayudar. Necesitaba la aprobación y el favor del mismo, a fin de obrar correctamente. En lugar de ir alrededor y presentar su plan para un montón de gente para ganarse una aceptación, se fue directo a la fuente que satisfaga sus necesidades. Identifique qué personas pueden satisfacer sus necesidades y poder allanar el camino delante de ti. Ir directamente a esas personas. Si usted no sabe cómo son ellos, considere visitar una empresa que sea muy respetada y de confianza para contactar a las personas adecuadas.

Mientras su plan crece y usted comienza a compartir su pasión como una petición, ten cuidado de no compartirla con todo el mundo con el fin de obtener su aprobación. Lo mejor es compartir sólo con aquellos que realmente cooperen. Transmitir su plan ante una muchedumbre con la esperanza de obtener la aprobación de ellos, sólo conduce a un abismo de dudas cuando las personas responden negativamente. Nehemías compartía sólo con el rey. Cuando él comenzó a articular su pasión y el deseo de ayudar a su pueblo, la puerta se abrió para él, procedió y entró audazmente para hacer su petición conocida. Todos los líderes quieren que la puerta se abra. A veces tienes que abrir la puerta, aunque solo se abre para usted. Tiene que estar dispuesto a pasar por aquello.

¿Cómo se puede "pasar por la puerta"? Esto nos conduce al paso de crear su plan de negocios. Nehemías dio una introducción y luego fue capaz de proceder a través de la puerta abierta, prevista por el rey, en la que explicó su plan más a fondo como se ve en los versículos 5-8. Construir el plan de negocios y su presentación son dos grandes componentes clave para empezar o hacer el cambio. Tenga en cuenta que a veces el plan no es de conocimiento público, pero puede ser para usted de forma individual o para un grupo más pequeño de personas. Debe ser prudente al compartir tu plan con el fin de proteger sus procedimientos de negocios y/o métodos. En el mundo de los negocios, esto significa que la gente fuera de su empresa firma un acuerdo de confidencialidad antes de ver su plan (Ejemplo en Book Resources). Sólo tenga cuidado con lo que usted comparta.

Si desea iniciar un negocio, empieza a hacer algo más allá de generar ideas en torno a su cabeza.

Inicia la investigación. Averigüe todo lo que pueda acerca de su competencia y el mercado en la zona en la que desea comenzar. Un resumen de esta investigación se debe incluir en su plan de negocio. Empresas como McDonald's han hecho un gran trabajo en la adaptación de sus productos a distintos lugares. Ellos entienden la demografía de la zona antes de la creación de la empresa, y presentan su plan como tal a las personas adecuadas. Por otro lado están las empresas como EVENT-VUE, un desarrollador de software de redes sociales para las conferencias cuyos fundadores dicen que "no se centran en el aprendizaje" o saben "lo suficiente sobre el descubrimiento de cómo comercializar EVENT-VUE", que conducen a la empresa de cerrar (KINGSBERY, 2013). La investigación tiene que ser parte de su plan. Conocer la zona, la gente, y la historia. Usted tendrá que tener esta información de los que van a votar, invertir o aprobar su plan.

Comenzando en el verso 5, Nehemías comienza a diseñar una descripción de lo que quiere, cuánto tiempo va a tomar, y lo que va a necesitar. La introducción se había hecho y el rey era lo suficientemente interesado en saber más, pero necesitaba hechos. Su plan debe implicar tanto sueños como datos. No es suficiente tener un sueño o anhelo. Ese anhelo debe incluir información y datos que sustenten lo que quieres, cuánto tiempo tardará, y qué se necesita para que esto ocurra. Nehemías estaba equipado para enumerar exactamente lo que quería hacer. Había pensado a través de los detalles desde el principio hasta la finalización del proyecto, y estaba listo para dar cuenta de todo lo que estaría involucrado.

Usted debe estar preparado para dar una respuesta cuando se le pregunta lo que usted quiere y necesita. No hay nada peor que ir a una reunión que va por buen camino y luego no ser capaz de presentar qué es lo que realmente se necesita, cuando la puerta está abierta. Esas oportunidades perdidas nunca se deben dejar pasar. A medida que comienza a tener su plan de negocio desarrollado, es necesario comprender qué es lo que usted realmente necesita y desea. Es una buena idea pedir un 50% adicional de lo que usted piensa que necesita, ya que siempre se necesita más para circunstancias imprevistas.

Nehemías estaba listo para presentar su solicitud. Como profesional, estaba listo para el siguiente trabajo o la oportunidad que se le presentase. Él fue disciplinado en su posición actual y demostró ser digno de confianza para las futuras responsabilidades que vienen a su manera. Su preparación, presentación, y el carácter personal estaban bien definidos cuando se le dio la oportunidad de caminar a través de la puerta y cuando contestó la pregunta del rey de lo que quería.

Lo que usted quiere y cuánto tiempo va a tomar son las dos partes significativas de su plan. Va a tener la tentación de dar un plan a corto plazo, no tanto que deje de lado los detalles, como qué marco de tiempo que usted está considerando, pero abstenerse de eso. Crear líneas de tiempo, pero hacerlo de una manera realista. Es mejor, por compromiso y entregar más que a la inversa. A veces se le solicita dinero, recursos o ayuda física. Es imperativo que usted sea capaz de expresar sus necesidades junto a la línea de tiempo, y prevenir para su finalización. Dar respuestas vagas o difusas lo desacreditan. Es natural emocionarse por su tan apasionado sueño, pero también hay que ser capaces de dar respuestas concisas cuando las puertas se abren y usted tiene la oportunidad de compartir más allá de la visión. Como Nehemías, también tendrá que responder a estas tres preguntas:

- ¿Qué quieres?
- ¿Cuánto tardarás en alcanzarlo?
- ¿Qué necesitarás para completar la tarea?

Hemos abordado la primera pregunta, "¿Qué quieres?". A través de la planificación de su visión y la identificación de un norte verdadero. La siguiente pregunta es: "¿Cuánto tiempo tardará?". Al diseñar un plan, asegúrese de que tiene posibilidades para llevarlo a cabo. Por ejemplo, si usted piensa que tendrá 6 meses para llevar a cabo la fase 1, rebotar a 12 meses para asegurarse de que tiene suficientes recursos financieros para cubrir los gastos de 12 meses. Si termina antes del final del plazo propuesto, entonces ha entregado más de lo establecido. Por otro lado, la presión aumentará si tardas más de lo planificado, porque se demuestra falta de compromiso. Y la falta de plazos muestra un déficit de profesionalidad. Incluso un solo día de vencimiento del plazo puede arruinar todo su negocio u organización.

Nehemías sabía lo que quería y era capaz de dar un calendario preciso, cuando presentó su propuesta al rey, éste le dio lo que necesitaría para realizar la tarea. Concedió su petición sobre la base de su relación con Nehemías y de la respuesta a la pregunta del rey en el versículo 5; que había encontrado lo que el reino necesitaba. Se puede ver en este ejemplo que es posible obtener el liderazgo mediante la búsqueda de gracia en su trabajo actual. Esto se puede lograr por ir y hacer más de lo que se requiere, y más de lo que le paga por hacer. Usted recibe un trabajo posterior mediante la realización de la siguiente tarea o alcanzando el nivel de habilidad de ese trabajo. Hacer más de lo que estás actualmente trabajando. El poner todo en el esfuerzo extra significa que su promoción no se gana simplemente por casualidad. Se visualiza el carácter. En el caso de Nehemías, él no era un desconocido que llegó y le pidió permiso al rey para regresar y reconstruir el muro, pero sí era alguien respetado. El respeto se gana uno mismo, no se exige. Asegúrese como fundamento de su vida y como un primer paso para poder precisar sus planes antes de otros, que usted está en el hábito de hacer lo que te pagan por hacer y mucho más.

Nehemías era el tipo de copero que encontró ese tipo de favor. Cuando presentó sus necesidades, el rey los reunió con un corazón atento. Ya había conseguido credibilidad y el rey puso su confianza en la reputación y el carácter de Nehemías. El Ejército de EE.UU. compuesto por Regimiento Ranger y Delta Force hizo un pasaje escrito en el muro de Isaías 6: 8 que muestra el corazón dispuesto de un líder: " Y oí la voz del Señor que decía: ¿A quién enviaré, y quién irá por nosotros? Entonces respondí: Heme aquí; envíame a mí." Se puede oír el corazón de" envíenme "demostrada por la pasión, la declaración de culpabilidad, y el propósito de Nehemías. Nehemías no pidió suministros que pudiera dar a otra persona para llevar a la gente, pero él tomó la responsabilidad completa sobre sí mismo. Él no desarrolló un plan para enviar a otras personas con la esperanza de que pudieran hacer el trabajo, en lugar de eso se pronunció y dijo, "Yo iré". Para llegar a donde él quería ir, expresó su argumento con pasión, tuvo un plan por preparar para la entrega, pidió lo que necesitaba, estaba dispuesto a dar una línea de tiempo, y finalmente obtuvo los documentos necesarios para trabajar y cumplir.

Si usted está en un trabajo y desea ser promovido, usted debe hacer que sea fácil para ellos promoverte. Puedes hacerlo demostrando un corazón dispuesto y confiabilidad en sus acciones. El jefe debe saber que usted es la persona que puede contar con todo el mundo además que debió haberlo visto trabajar para esa promoción. Este es el principio de la siembra y la cosecha. Si siembras en su empresa con el esfuerzo y la actitud, es probable cosechar beneficios cuando está confiado y tiene responsabilidad.

La última petición de Nehemías eran cartas, documentos que nivelan el camino para un buen viaje. La petición de Nehemías al rey fue un papeleo apropiado. Cuando esté listo para iniciar un negocio o proyecto, si se trata de una empresa sin fines de lucro, exenta de impuestos, o con fines de lucro, es importante pasar por el proceso de presentación de la documentación correcta. Consiga un contador, un abogado si es necesario, y no tenga miedo de preguntar a sus oficinas de distrito locales o dueños de negocios actuales en busca de ayuda para asegurarse de que usted tiene la documentación correcta para su ubicación. Es relativamente fácil en los EE.UU. para obtener un número de identificación fiscal con el fin de iniciar su empresa u organización. Sólo tiene que hablar con un contador acerca de su mejor opción. Asegúrese de obtener los documentos correctos presentados al principio para crear una base sólida.

Usted puede tener la tentación de ir directamente a trabajar en el sueño sin construir una fundación. De repente usted tiene el sueño de estar en la cima pero sin una fundación no será estable. Lo mejor es pensar en el futuro y hacer todo el trabajo preliminar en el principio para no tener que volver a hacer cosas fuera de plazo o terminar pagando multas. Nehemías hizo un excelente trabajo en la obtención de los documentos que garantizaban su seguridad tanto de él como de las personas que lo seguían.

Una mala instalación sólo le costará más a la larga; por lo tanto, es importante completar la documentación necesaria pues ahorrará tiempo y dinero. En una parte de ella se prepara una lista de suministros necesarios con presupuestos. Nehemías pensó por delante e hizo un trabajo ejemplar de la planificación y recolección de los materiales necesarios como se ve en el versículo 8. Él sabía lo que iba a necesitar y desde donde llegaría. En los primeros pasos de un proyecto, no tener suficientes recursos para completar causa mayores problemas. Asegúrese de tener un 50% más que la cantidad de dinero y tiempo, o por lo menos un 50% más de lo que cree que necesita porque a menudo la realidad hace que las cosas necesiten más tiempo y cuesten más pues las circunstancias y las situaciones varían.

Tenga en cuenta su línea de tiempo y medios financieros antes de seguir adelante. Es necesario incluirlo en el plan para que pueda mostrar a otros la oportunidad y las necesidades. Hacer las cosas ahora que otros no lo harán para que luego usted pueda tener las cosas que los demás no tienen. Como usted va a través de cada pieza de este proceso, te reto a disfrutar del viaje en lugar de sólo el resultado. Darse cuenta de que la resistencia es parte de lo que te hace más fuerte. No se puede encender y ejecutar la primera vez que algo va en contra del plan o línea de tiempo, por lo que es importante que no se detenga y entienda las cosas a lo largo de la manera en que son especiales en el viaje. Un poco de asesoramiento en su camino: incluso si piensa que no necesita ayuda, pero alguien lo ofrece, tómelo siempre y cuando no vaya en contra de sus principios o ética.

La creación de un plan que responde a las tres preguntas de la falta, el tiempo y necesidad proporcionará una estructura que le permite seguir adelante con los sueños, ideas y planes. Con demasiada frecuencia, los líderes presentan planes no formulados y dejan a la gente en la confusión. El objetivo final puede ser presentado, pero no parece posible si no hay hechos y acciones en lugar de sólo motivar al grupo y a ti mismo con deseos. Hay una gran diferencia en la presentación de un plan para que la gente siga y presentar un plan que otros le ayudarán a crear medidas para lograr. Como líder, no confundirlos. Un tipo presenta un plan preestablecido con los pasos para alcanzar la meta. La presentación y las expectativas son claras en cuanto a lo que la gente tiene que hacer. Este es el tipo de plan que se puede presentar a los trabajadores a implementar de inmediato desde el nivel del suelo. El otro tipo de plan da una idea, pero no viene con los pasos a seguir. Esto funciona bien dentro de los equipos de liderazgo que se presentan con problemas y deseos de cambiar. El equipo puede crear pasos de acción con el fin de alcanzar un objetivo. Ellos no deben, sin embargo, llamar a una reunión de equipo para los empleados y decirles qué necesitan para ganar un 10% más en el trimestre sin presentar o hablar a través de un plan de cómo lograr ese objetivo. El "deseo" está allí, así como el "tiempo" desea que suceda, pero los dos deben ir acompañadas con un "cómo", para que los cambios positivos comiencen a producirse.

Si usted ve su plan de negocios como una hoja de ruta, entonces usted está viendo la luz correcta. Este es el documento que le guiará hacia dónde va y cómo va a llegar allí. Debe tomar el tiempo para trabajar, también saber a qué dirección apunta (Plantilla en Book Resources).

Al esbozar su plan, mantenga estas cosas en mente para ayudar a diseñar un panorama general:

1.) Aclare y defina su "porqué"

2.) Decida cuál es la misión

3.) Coloque una visión coherente para que todos estén en la misma página

4.) Condensar el análisis de la investigación a un público objetivo

5.) Elaborar una estrategia de ventas y marketing en base a su investigación

6.) Comunicar claramente el "quién", "qué" y "por qué" cuando usted está presentando a los demás.

Justo cuando su plan se establezca y ya esté listo para presentarlo con toda pasión y sinceridad, quiero advertirlo que esté preparado para la oposición. En el verso 10, verás que no importa lo que hagas, siempre habrá gente tratando de detenerte. Prepárese para la oposición. Sería fácil si todo el mundo comenzaría aportando sus propias cosas y haciendo cambios positivos con regularidad. Afortunadamente, no es tan difícil si usted está listo para oponerse en el momento. Debe estar listo para la familia o los compañeros que le digan que no es posible.

Doug recuerda que cuando empezó en su primera iglesia, un predicador que pastoreaba por ahí lo llamó para conversar. Pensaba que él realmente quería ayudarlo, pero en realidad dijo cosas como: "Usted no está preparado", "Tú eres un novato", "Tienes que venir y sentarse debajo de mí durante 3 años," y "Tiene que traer a su gente aquí". Doug pensaba que era alguien amable que le ofrece apoyo y asesoramiento, pero se trataba de alguien intentando detenerlo en el pedido de Dios. Siendo un joven predicador, trató de ser respetuoso y simplemente se alejó de la situación. El otro predicador, sin embargo, no respondió igual. Él utilizó la radio local y las noticias de la ciudad para decir a todos que Doug era un novato y no sabía lo que estaba haciendo. Doug recuerda: "Por desgracia para él, el Señor sabía lo que estaba haciendo cuando me llamó." Doug se enteró de que al no responder a sus críticos, hacía una gran diferencia porque al responderles, se convierten en sus jueces. No tiene que darles una respuesta. Tampoco tiene que ser malo, pero sí estar preparado para la oposición. Al presentar sus ideas para su aprobación, no necesita la validación de críticas. Hable con lo que usted tenga que hablar con el fin de presentar el trabajo, no con el fin de validar su propio corazón. Cuando más gente te critica, en busca de la validación y credibilidad, más gente va a encontrar que quieren desalentarlo.

Capítulo 4
Nehemías 2:11-20
Primeros Pasos

Una vez que haya construido un sólido plan de negocios, se reunieron los documentos esenciales, habló con la gente necesaria, y se prepara a sí mismo para la oposición, es el momento para comenzar a construir la esencia de su proyecto o plan. Esta pieza lleva su tiempo, pero para muchos líderes, es la pieza que han estado esperando. Si no pasó tiempo trabajando en la construcción de una base firme, entonces por favor, vuelva a los capítulos anteriores y trabaje a través de esos pasos antes de saltar a la sustancia del plan.

Como se puede ver en los versos 11-16 del capítulo 2, Nehemías tuvo un reconocimiento nocturno. En silencio se presentó en la noche con unos pocos hombres y fue a ver, inspeccionar, y recopiló información. Pasó tiempo en el lugar donde se cumpliría su visión. Con el fin de saber qué medidas deben tomarse, a veces tienes que ir al campo y echar un vistazo alrededor. El Método

Toyota, la filosofía que Toyota Motor utiliza para sus sistemas de producción, tiene un método llamado "de ir a la Gemba" del término japonés que significa "el lugar real." Se enseña con el fin de aprender eficazmente a dirigir gente y resolver los problemas que hay que "ir a ver." Ve a ver lo que está pasando. Ve a ver las condiciones actuales. Es muy fácil para aquellos que simplemente se sientan detrás de un escritorio para tomar decisiones que realmente impiden la gente, por lo que aquí podemos aprender de Nehemías cómo evitar este error mediante la observación de cómo se va a la Gemba. Él fue a Jerusalén por tres días para comprender lo que estaba pasando allí y lo que había ocurrido.

Como líder a nivel ejecutivo, cuando alguien se acerca con un problema, debe ir a ver lo que está pasando, independientemente de su nivel de trabajo. No importa cuántas veces en su pasado ha resuelto ese problema, o lo bien que crees que sabes cómo hacerlo, ir a ver porque en la resolución de problemas, se puede ver a través de los ojos mejor que puedas percibirlo con tus oídos. Alguien puede decir lo bueno o malo de algo, pero en realidad, hay que ir a inspeccionar para plena comprensión. Si va a la Gemba, puede coincidir con su corazón y su comprensión de lo que se ve, que a su vez le permite hacer las cosas aún mejor. Cuando está creando un negocio y está comenzando a "hacer", es importante que pasar tanto tiempo como pueda en el Gemba. Muchas cosas van a tratar de alejarlo de poder "ver", por lo que prevea y planifique en consecuencia.

Cuando se encuentra con un problema, debe adquirir el hábito de ir y ver en lugar de tomar decisiones ejecutivas de lejos sobre una base regular. Sin esa presencia, es posible que se pierda detalles que le costará en el largo plazo. Tal vez esto significa llamar a una reunión y la evaluar la cuestión. Tal vez está llenando pizarras blancas con detalles y hash a cabo entre sí para garantizar que todo el mundo sabe lo que tienen que hacer. Podría ser tan simple como tomar un paseo a través de su empresa y, de hecho mirar lo que está sucediendo a diario. Tiempo y dinero se pierde cuando intentas dar soluciones incorrectas, porque el solucionador de problemas en realidad no ve el problema. ¿Con qué frecuencia se escuchan historias de personas que llaman la atención al cliente para su electrónica y al final sólo desearía que alguien venga a verlo por ellos? Pasar tiempo en la localización es vital para un líder, la elaboración y la remodelación de sus objetivos se desarrolla en 1, 3 y 5 años. A menudo se pierde tiempo cuando la gente trata de describir el problema, aplica correcciones sin que la persona realmente vea el tema y, a continuación, tienen que re direccionar el mismo problema que ahora se ha intensificado debido a la falta de detalles verdaderos. En lugar de simplemente decirle a alguien cómo solucionarlo desde la distancia, valla y camine a través del proceso. Será capaz de ver el problema real, demostrar cómo resolverlo, y ellos serán capaces de hacerlo por sí mismos a partir de entonces.

Sin ver la primera parte de un problema, hay una posibilidad de que no se aborde y se levanten otros más. Lo mismo se aplica para hacer frente a personas o sistemas. Ir a la cuestión que se ha planteado y ver las cosas por ti mismo antes de tomar decisiones. Esto le ahorrará tiempo, dinero y relaciones a largo plazo. Este principio también se puede aplicar en el hogar y en la vida. Cuando la gente le trae un problema, si es posible, ir a ver antes de dar una solución inmediata. Si su cónyuge o hijo le informa acerca de un problema, en lugar de sólo escuchar, ir con ellos a la fuente del problema para que pueda ser fácilmente abordado y resuelto más rápido.

Nehemías salió por la noche y pasa por las paredes rotas de Jerusalén. Viajó a través de las cenizas de la puerta que había sido consumido por el fuego. Fue al estanque del Rey, pero ni siquiera pudo conseguir algo a través de los escombros. El lugar era un desastre, y sólo alguien con ojos para ver el potencial tendría la habilidad de lanzar una visión que retrata cómo ir desde las ruinas a la revitalización para la gente. Se tomó el tiempo para inspeccionar. Sabía lo que se necesitaría para completar no sólo el proyecto, sino la reconstrucción de una cultura que se había establecido a través de las leyes judías.

Al examinar la situación, qué está esperando para cambiar, tómese el tiempo para evaluar cómo están las cosas y visualice lo que se pueda hacer. Si usted como líder no puede imaginar el logro de los objetivos que ha establecido, usted no será capaz de mover a la gente hacia resultados reales. Tenga en cuenta que está dando forma a una cultura a través de la manera de hacer las cosas. Recuerde que para lograr un cambio, debe tomar en cuenta a las personas que participan y cómo va a crear un ambiente que estimula el compromiso, la esperanza y el deseo.

Después de regresar de su viaje nocturno, reunió al pueblo para presentarles un "estado de" dirección, por así decirlo. Usted lo encuentra en los versos 17-18 describen la situación actual, la "mala situación", en su enfoque era mucho más que un informe básico; hablaba a sus corazones. Al dirigirse a los de su equipo, hizo algunas cosas que son cruciales para un líder:

1.) Se incluyó a sí mismo en la solución. "Venga, vamos a reconstruir la pared." Él no sólo estaba dando órdenes para otra persona para atender el problema, pero estaba ofreciendo a sí mismo como una parte del proyecto con ellos. La gente va a seguir a alguien que lleva sólo a través de los comandos y nunca a través del sacrificio, pero sólo hasta que encuentran una salida. Por el contrario, la gente se queda en los trabajos peor pagados, o en situaciones más difíciles si sienten que su líder tiene su mejor interés en el corazón y si ven al líder trabajando duro para su beneficio. Nehemías dejó claro desde el principio que estaba en esta tarea con la gente, en lugar de por encima de ellos.

2.) El verso 17 declara su propósito: "... para que ya no seamos un oprobio." Simplemente construir un muro y tener un lugar donde vivir, no habría sido suficiente estímulo para mantener el grado de dedicación necesaria para el pueblo para llevar a cabo la difícil tarea establecido antes que ellos. Una vergüenza en la cultura judía corrió muy profundamente. Estaban orgullosos de su historia y de mirar a su ciudad central de escombros era una vergüenza para ellos y su Dios. Nehemías sabía cómo la vergüenza de reproche jugó un papel en su cultura por lo que ató su propósito de la reconstrucción de la pared para poner fin a esa humillación. Cuando el reproche llegue a su fin podrá disfrutar su vida.

3.) Les recordó las formas como las cosas habían funcionado en el pasado. Los recordatorios históricos son muy útiles para proporcionar indicadores de crecimiento. Nehemías sabía que en el futuro, sería necesario que se les recuerde todo lo que ya había sucedido a llevarlos hacia donde estaban las personas. Recordar el pasado nos da una mejor perspectiva. Ayuda a la nación y nos anima a continuar presionando hacia adelante cuando las cosas se ponen difíciles. Nehemías compartió su pasión y entusiasmo con ellos, una parte necesaria e insustituible de animar a otros para completar una tarea de enormes proporciones. Les dio su corazón y fue recibido con entusiasmo combinado con la acción que les permitió seguir adelante. Asegúrese de darle a la gente una salida para su energía a medida que crea el entusiasmo para que pueda utilizarlo y lograr más, luego construirá el impulso para su proyecto.

4.) Terminó pidiendo la unidad. Si usted está buscando el crecimiento de sus relaciones, su negocio, su iglesia o su organización sin fines de lucro, el poder de "juntos" siempre serán mayores que el poder de uno. Presentó una sola carga, una meta que todos se unirían porque luego disfrutarían beneficios del resultado. Dejando a un lado la propia agenda personal, con el fin de trabajar en equipo para el mejoramiento de la totalidad es mejor hacerlo a través de un objetivo: que todos se beneficien del resultado. Recuerde a la gente del norte verdadero y animarles a juntar fuerzas para lograrlo, por lo que en conjunto, todo el mundo avanza.

En el Gemba, Nehemías aclaró su visión del plan, vio las oportunidades y desafíos, y luego sacó el grupo unido para hacer lo que hace todo gran líder: les recordó el "por qué". Describió la escena y el propósito, y les recordó la meta. Se dedicó motivar a la gente con los métodos similares a los del método Toyota. Los invitó al "por qué", donde podrían venir y unirse a él. Se les animó emocionado por la visión, el "por qué", la pasión, y la inversión emocional y personal que cada uno tenía. ¿Está invitando a los demás en su "por qué" y pedirles que lo acompañe en su viaje?

A veces, cuando las cosas no van bien y parece imposible ser exitoso, el líder es capaz de restaurar la visión y poner el proyecto de nuevo en marcha. Hace algunos años, Doug tuvo la oportunidad de trabajar en una compañía de alimentos llamada Wornick con un hombre llamado Jon Geisler. La dirigencia anterior había causado a la empresa a perder dinero, así como la credibilidad tanto con los inversores y clientes. Jon Geisler había tomado recientemente las posiciones de la operación plomo y Presidente/CEO. Llamó a Doug para hablar considerando venir a trabajar a Wornick y habían acordado con Doug trabajar como director de mantenimiento e ingeniería. Jon le dijo a Doug que se ponía todo el papeleo junto y le devuelva la llamada cuando estaba listo. Después de algún tiempo pasó y Jon todavía no había llamado, Doug lo llamó y le dijo: "Jon, ¿qué estás haciendo?" La respuesta de Jon fue memorable. "Realmente no me importa mucho acerca de ti", dijo entre risas, "pero realmente me encanta su esposa y sus niñas. He estado en Wornick y examiné la situación. Como he observado y analizado lo que estuvo pasando, no estoy seguro con qué pagarte el próximo viernes si vienes a trabajar". Esa fue la condición que la compañía estaba adentro, pero hay otro lado de la historia, que atrajo a Doug.

El carácter del líder jugó un papel importante en su decisión. Doug sabía que Jon realmente se preocupaba por él y que, al final, asegurarse de que él estaba a cargo. El respeto mutuo y la comunicación clara de detalles siempre deja una sensación de seguridad, y la emoción que atrajo a Doug en Jon, como Nehemías, lanzó una visión y Doug invitó a ser parte de ella. Fue a casa y habló con su mujer, y oró al respecto. Juntos consideraron que era el lugar donde el Señor quería que fueran. Ellos entendieron que en ese momento, su mejor opción de carrera fue encontrada en el trabajo bajo Jon Geisler. Doug le llamó a la mañana siguiente y le dijo que no estaba seguro de si Jon trabajaría con él, pero estaba seguro de que él no lo haría sin él. Así que Doug preguntó a Jon si conseguiría su oficina lista para el lunes, y comenzaron a trabajar en encontrar la empresa en el lugar correcto. Doug trabajó tiempo completo durante un mes con el fin de manejar adecuadamente la transición de dejar su trabajo anterior y comenzar su nueva posición en Wornick Foods. Al hacer esto, él fue capaz de dejar a su ex contratante de una manera honorable, manejar sus responsabilidades financieras, y todavía unirse en el trabajo con un líder que respetaba un proyecto que él creía.

Involucrar a su equipo y conseguir que realmente inviertan en sí mismos cambia toda la cultura de la organización e infunde confianza mutua. Algunos años después Jon y Doug se unieron en Wornick, pero la compañía pasó por un momento difícil y tormentoso. Acabaron de haber lanzado todo un grupo de nuevos productos y habían comenzado recientemente a utilizar el modelo de Toyota, en un esfuerzo para profundizar el compromiso del empleado. A través de este difícil período de transición, ya que a diario siguieron viendo su situación, comprendieron lo que estaba pasando e involucraron a otras personas, y las cosas fueron mejorando. Con empleados comprometidos, se apoyaban uno al otro para el estímulo a través de la lucha en lugar de derrumbarse desde adentro hacia afuera. A medida que avanza hacia adelante, hacer que la gente esté totalmente comprometida es vital para su éxito. Siga el ejemplo de liderazgo de Nehemías de la participación de su equipo al unirse con ellos, dándoles un sentido de propósito, que les recuerda los éxitos del pasado, y la promoción de la unidad a fin de obtener mayor compromiso y lealtad de ellos.

El verso 12 del capítulo 2 aborda brevemente la soledad que los líderes tienen por experiencia. En este punto, Nehemías había compartido su visión general con muy poca gente. El rey, su esposa, y sólo un puñado de otros eran conscientes de la magnitud de todo el proyecto. En el verso 12 lo dice: "Yo no le dije a nadie lo que mi Dios estaba poniendo en mi mente hacer algo por Jerusalén." ¿Por qué él optar por mantener silencio acerca de su plan? ¿Por qué alguien? Si otros obtienen una visión conjunta, pueden desanimarse. El miedo puede ser definido como impresiones falsas que parecen reales (Desconocido), por lo que puede estar experimentando el miedo, ya que su impresión hace que la tarea le sea imposible o muy difícil terminarlo. Nehemías tuvo una visión de lo que Dios quería y sólo iba adelante para hacerlo. Aunque solitario puede ser, Nehemías decide elegir que se abstengan de revelar sus planes con el fin de evitar que otros lo desalienten, y mantener a sí mismo de hacer lo mismo con otras personas.

Como líder, tienes que ser sensible a los temores de tu entorno. La mayoría de la gente teme lo desconocido en algún grado. Este miedo es provocado a través de pedir a la gente a ir más allá de su zona de confort en una nueva situación o un cambio percibido. Si puedes ayudar a llenar algunos de los vacíos dando pasos de acción en lugar de personas abrumadoras con toda la visión, disminuirá el miedo y aumentará su confianza en sí mismo. En algunos casos, tendrá un pequeño equipo que puede manejar toda la visión sin ser abrumado por ella, pero a veces se sentirá limitado en lo que puede compartir. Cuanto más se intenta romper su visión, será capaz de compartir con otros. Esto a su vez ayudará a disminuir tu soledad, al permitir a otros a formar parte de su visión.

Como era de esperar, una vez que las personas se encuentran a bordo, las cosas están funcionando sin problemas, y se está avanzando, la oposición vendrá, ya sea desde el interior o el exterior. La duda es una de las formas más duras de la oposición de manejar. Tiene una forma de reptil lentamente y causa estragos entre los equipos. Hace que la disensión, argumentos, y la falta de confianza aumente, y puede convertirse en raíces de amargura, relaciones rotas y mal uso del tiempo o recursos. En el capítulo 2 versos 19-20, Nehemías es atacado por la duda vocalizada de personas que ni siquiera participaban en el proyecto. La gente se reía, despreciaba, y menospreciaba. Aunque habían hecho el trabajo de conseguir el papeleo y aprobación necesaria, su oposición los acusó de hacer estas cosas. Nehemías reconoció rápidamente lo que estaba pasando y le cortó las mentiras. Detuvo a las personas que trataban de detenerlos, dejando claro que sus acusaciones eran irrelevantes. No pasó el tiempo discutiendo tratando de demostrar su valía de su visión. Si hubiera utilizado ese método, se habría perdido incontables horas luchando por un argumento que no valía la pena en el tiempo. Los que están tratando de desalentar son en realidad irrelevantes para la tarea. Su único poder está en sus lenguas y la lengua tiene el poder de la muerte y la vida (Prov. 18:21). No permitir atraer muerte a través de desalientos.

Doug recordó un momento en que él se desanimó. Él no era un gran lector y tampoco tenía un alto nivel de educación, pero fue impulsado y apasionado, y comenzó a leer. Encontró este poema escrito por Rudyard Kipling en 1895:

Sí puedes mantener la cabeza cuando todo está sobre usted
Están perdiendo la suya y te culpan a ti;
Sí puedes confiar en ti mismo cuando todos dudan de ti,
Pero tomar en cuenta su duda también:

Sí puedes esperar y no cansarte de la espera,
O siendo engañado, no pagar con mentiras,
O siendo odiado no dar cabida al odio,
Y sin embargo, no parecer demasiado bueno, ni
hablar con demasiada sabiduría;
Sí puedes soñar y no dejar que los sueños te
dominen;
Sí puedes pensar y no hacer de los
pensamientos tu objetivo,
Sí puedes encontrarte con el triunfo y el fracaso
Y tratar a estos dos impostores de la misma:
Sí puedes soportar escuchar la verdad que has
hablado
Retorcido por bribones para hacer una trampa
para los tontos,
O las cosas que usted dio su vida, verlo roto,
Y agacharte y reconstruirlas con las
herramientas gastadas;
Sí puedes hacer un montón con todas tus
ganancias
Y arriesgarlo todo de una vuelta de pitch and
sorteo,
Y perder, y empezar de nuevo en sus inicios
Y no una sola palabra acerca de su pérdida:
Sí puedes forzar tu corazón y nervios y
tendones

Para servir a su vez, mucho después de que se han ido,
Y así resistir cuando no hay nada en ti
Excepto la Voluntad que les dice: "Espera!"
Si puedes hablar con multitudes y mantener tu virtud,
O caminar entre Reyes-no perder el sentido común,
Si ni los enemigos ni los buenos amigos pueden herirte,
Si todos los hombres cuentan contigo, pero ninguno demasiado:
Si puedes llenar el inexorable minuto
Con el valor de la distancia recorrida sesenta segundos,
Tuya es la Tierra y todo lo que hay en él,
Y-que es más-usted es un hombre, hijo mío!
  (Kipling 1910)

Estos atributos son todas las piezas necesarias para construir el carácter de un líder noble. Cuando eres culpado injustamente, ¿cómo respondes? Cuando todos dudan de ti, ¿te caes en medio del temor? La mayoría de los hombres van a dudar de ti. Es posible que haya algunos que te den la espalda por completo, pero la mayoría van a dudar en diferentes grados, ya sea abiertamente o en privado. Tienes que tener un propósito definido, importante y debe seguir adelante con ella. La comprensión está desde el principio y debemos estar constantemente conscientes de ello, le mantendrá de caer en la desesperación. Confía en ti mismo, y cuando los demás dudan de ti, recuerda que su "por qué".

Cuando dudas, te detienes o al menos te haces lento. Vuelva a la pasión de su corazón. ¿Va a tener miedo? Probablemente. Pero a medida que leemos en 2 Timoteo 1: 7, "Porque no nos ha dado Dios espíritu de cobardía, sino de poder, de amor y de dominio propio." ¡Dios no nos ha dado un espíritu de temor, de modo de salga y haga notar la diferencia! Enfréntate a los escépticos y detenga las mentiras antes de que tengan tiempo para echar raíces en su corazón y en los corazones de los que usted está conduciendo.

Capítulo 5
Nehemías 3
Preparación

Su plan y su Hossein (Norte verdadero, es decir, su "por qué" o propósito) del plan se establecen, comunican y movilizan a las personas. En el capítulo 3, nos encontramos con el liderazgo que define las funciones y responsabilidades del plan y aclarar esas tareas. En primer lugar, me gustaría que usted mire al verso 1. Quiero que note su punto de partida, la primera pieza que se construyó. Comienzan en la puerta de las ovejas, que fue construido por los sacerdotes. La importancia de esto habría sido prodigiosa. Los mismos sacerdotes que eran considerados más respetables en la sociedad fueron los primeros en poner sus manos a la obra. La puerta de las Ovejas habría sido muy importante para estos sacerdotes. Contar con esta pieza de la pared construida primero habría levantado la moral de las personas, silenciado cualquier que aún estaban luchando con la duda y la esperanza dada como ningún otro movimiento tendría. Tomarse el tiempo para descubrir lo que su puerta de las ovejas es, comenzará a dar forma a la mentalidad de los trabajadores. Ver líderes ensuciarse las manos y poner el esfuerzo para construir la sociedad y la gente dice mucho de su carácter y genera confianza.

Nehemías sabía que las bases de Jerusalén debían ser construidas alrededor de la adoración a Dios. Él estableció un estándar y creó un recordatorio visual para la gente de lo que era su verdadero objetivo y propósito. Él también eligió a la gente a construir esta puerta que tendría un interés personal en ella. Cualquiera podría haber construido esa puerta, pero los sacerdotes serían los que lo utilizan a diario y se recordó que ellos también eran una parte de la construcción de la ciudad y que todo comenzó con la misma puerta que conducía a la gente a adorar. Cuando designa funciones y responsabilidades, tener en cuenta de lo que va a hacer con las personas tienen que mostrar interés en lo que están haciendo.

Después de iniciar, en el resto del capítulo se analiza la dispersión de las funciones a grupos de personas diferentes. Todo el mundo sabía de sus estaciones y su descripción de trabajo en esos lugares. Las personas con habilidades específicas fueron puestas en posiciones especiales. Cada grupo tenía niveles de liderazgo para asegurar que el proyecto iba a mejorar la comunicación cuando surgían problemas. Cada grupo se basó en el otro a hacer su parte para que, en conjunto, la construcción fuera completa y todos estén trabajando hacia el mismo Hossein. ¿Es cierto eso de lo que estás haciendo?

¿Están todos trabajando en alineación? ¿Es su familia consciente de sus funciones para avanzar como uno hacia el objetivo de la misma? ¿Tiene su empresa la gente esperando en todo porque no están seguros sobre qué hacer a continuación? Tanto tiempo y energía pueden ser desperdiciados cuando estos roles y responsabilidades no están claramente comunicados y rendir cuentas. Pasar por el proceso PDCA cada día después se definen los roles permite que tanto la persona como el líder para saber qué es necesario mejorar en las zonas y cómo ayudar a alguien moverse en línea con todos los demás.

Esta es PDCA en corto:

1.)   Crear un plan basado en el Hossein
2.)   Hacer el plan
3.)   Comparar el trabajo hecho contra el plan para ver si van de acuerdo al plan
4.)   Ajustar donde se requiera para seguir moviéndose al frente

Los roles en estos versos son interdependientes unos de otros. Ellos estaban reconstruyendo el muro de la ciudad de Jerusalén. Trabajaron de forma individual, sin embargo, totalmente dependiente de la otra. No podían tener éxito sin tenerlo todo el mundo. Imagínese lo que pasaría si no persiguiesen este proyecto como un equipo con todos los miembros haciendo su parte. Si ellos completaron las tres quintas partes de la pared, o incluso nueve décimas partes, todavía habría una brecha en el muro. Los trabajadores que completaron su porción crecerían en el resentimiento de los rezagados. Ellos se sienten maltratados por sentir inseguridad debido al compromiso de los demás. Ellos culpan al líder por no asegurar que el área estaba completa, junto con todos los demás. Muchos sufren a causa de los pocos, cuando eso debería haber sido abordado y prevenido.

Los deportes lo hacen fácil de ver. Imagine por un segundo un jugador de baloncesto que está más preocupado por acumular sus propios puntos que sobre el equipo ganador del juego. Todo el mundo sufre a causa de su incapacidad para cuidar de todo, en lugar de preocuparse por uno mismo. Los restaurantes son un ejemplo sencillo de esto también. Usted entra en contacto con la gente en diferentes roles de la segunda, entras y cumple con el anfitrión / anfitriona, quien luego lo lleva a su asiento. A continuación, en el papel el camarero / camarera toma su pedido y lo entregar al cocinero. Entonces él espera completar el pedido en un plazo de tiempo razonable con el fin de alertar a su servidor y recibir su comida. Hay un problema a lo largo de esta línea corta de los trabajadores, como que el cliente no recibirá comida a tiempo. Digamos por ejemplo que Bob, un cocinero, decidió no trabajar hoy, el mismo día que usted había hecho reservas para llevar a su esposa a una cena especial y luego había planeado ir a una producción de la obra de teatro favorita. Ya hizo las reservaciones con tiempo suficiente para darse un tiempo para comer y luego ir al teatro.

Usted llega en el restaurante y se sienta con rapidez. Su camarera le ofrece sus bebidas y luego entrega su pedido a la cocina. Debido al hecho de que Bob no se presentó, Janice está tratando de cumplir con todas las órdenes. Ella está abrumada, por no decir enojada con Bob, por lo que ella ya no volverá a confiar más en él. Usted echa un vistazo a su reloj y empieza a sentirse un poco nervioso acerca del tiempo, y pide a la camarera que no demore mucho tiempo, ella luego va a la cocina y le grita injustamente a Janice, que está haciendo todo lo posible para mantenerse al día abrumada en su interior. Ahora que ya no está pensando en la forma más clara y empieza a cometer errores en los pedidos, que es lo que usted recibe en su plato que ahora está siendo servida después de esperar 45 minutos más de lo que había previsto. ¿Estás molesto y exiges hablar con quién? Un gerente. Como gerente, usted está ahora en una posición en la que lo único que puedes hacer es ofrecer una comida gratis y tal vez uno adicional para la próxima vez con la esperanza de que será una experiencia mejor y que no va a perder un cliente regular y empañar su reputación. El problema no era que el director hizo un mal trabajo, o su camarera, o incluso Janice. El problema era que una sola pieza de la línea no se presentó y otra tuvo que reemplazar, cumpliendo otros roles nada común. Si Bob no siente que su parte de trabajo es importante, hay una buena probabilidad de que el mismo escenario se repita, la frustración se irá construyendo, y la empresa quebrará.

Al delegar funciones, asegúrese de que cada uno sepa hacer su trabajo. Es bueno tener un plan de alto nivel, pero a medida que el plan se realice es importante que se tome el tiempo para escribir detalles de las funciones y responsabilidades. Está bien decir: "Yo voy a construir esta casa," pero entonces debe ser capaz de entender y determinar el tamaño, la fundación, la profundidad del hormigón, la anchura de la pared de hormigón, barras de refuerzo, etc.... usted debe detallar a cabo el plan para que todos puedan entender sus funciones claramente. Tienes que diseñar una norma preestablecida para el trabajo. Una manera de hacer las cosas, por qué lo hacemos de esta manera, y la formación específica para los roles que deben ser claramente establecidas. A medida que se construye este plan, entender que el grado de necesidad de un incremento de roles bien definidos como se pone más cerca del nivel del suelo, mientras que el grado de necesidad de aumentar la flexibilidad, ya que se aleja del nivel del piso. En otras palabras, cuanto más cerca del piso, más definido su papel está. Las personas que están trabajando en el nivel del suelo, que hacen el trabajo de las máquinas que ejecutan y la construcción deben tener la mayor definición de funciones. Ellos no tienen mucho tiempo para desperdiciar, porque están haciendo la misma cosa una y otra vez sobre la base de un proceso y producir el mismo resultado, por lo tanto, aproximadamente el 95% de su carga de trabajo y responsabilidades deben estar bien definidas dentro de su papel. A medida que avances en la organización, líder del equipo, supervisor, etc.... hasta el 80% debe ser muy específico en su papel con más tiempo que sea flexible con el fin de aumentar la productividad. Gerentes, directores y vicepresidentes tienen más responsabilidades en una empresa que debe equiparar a los roles menos definidos. Estas posiciones deben tener tiempo disponible para hacer frente a los problemas, vaya a la Gemba, tener oportunidades para iniciar el cambio, y capacitar y entrenar a nuevos líderes. Como un ejecutivo o CEO, estás funciones se establecen sólo un 10% en un día determinado. Una definición de funciones debería ser más o menos delegada de esta manera. Aunque tomarse el tiempo para escribir todos los detalles pueden parecer monótonos o una pérdida de tiempo, le ayudará más tarde en la disminución de los conflictos y aumentará la eficiencia del tiempo.

Entonces, ¿qué sucede cuando un eslabón de la cadena no está trabajando con los otros? Los nobles de Tecoa se negaron a trabajar. No nos dice por qué, pero sin tener en cuenta que se enfrentará este ya sea a través de un miembro del personal o un adolescente rebelde. A todos nos gustaría que tuviéramos superestrellas en cada posición y que todo el mundo se auto-dirigida y se motiven bien, pero eso no es la realidad. No vas a tener a todos tirando de la cuerda tan duro. Eso es un hecho. Por lo tanto, la sección de ajuste del PDCA puede ayudar a controlar su desempeño contra el plan en vez de en contra de una persona, lo que minimiza el conflicto personal. Para un líder, que tiene el plan le permite simplemente subir y decir: "Se supone que debemos estar en X, y no estábamos allí. ¿Qué vamos a hacer para conseguir una copia de seguridad en la línea de tiempo? "

Vas a tener gente que no trabajan tan duro como los demás y que atrasan el plan, así que tienes que aplicar PDCA con ellos. Ajusta de acuerdo al plan y ayuda a las personas a desarrollarse de manera que cumplan con los estándares y no a sus normas personales. Así es como nos levantamos a la velocidad, y si no pueden ponerse al día, a continuación, son capaces de sustituir a las personas sobre la base de las normas de trabajo, ya que no están cumpliendo con el plan de indica sus expectativas personales. Es importante que entendamos que todo el mundo va a trabajar de manera diferente. Algunos serán más rápidos, otros más lentos. Diferentes pasos para diferentes personas, pero tenemos que establecer normas para cada posición muy claramente para que la gente pueda trabajar hacia una meta alcanzable y seguir avanzando.

Los versos 8-9 introducen dos personas: Ananías Refaías. Ananías era el hijo de un sacerdote. Refaías, hijo de Hur, que era el gobernador de la mitad del distrito de Jerusalén. Estos eran jóvenes que fueron criados con entornos importantes, pero hacen notar su voluntad de trabajar. El hijo del sacerdote e hijo del gobernante ambos demostraron liderazgo de servicio, trabajando junto a los demás en lugar de vivir privilegiados. Eso dice mucho acerca de su carácter, sobre quiénes son como personas. No se trata tanto de lo que hacemos, sino de lo que somos. Doug dice: "Cuando entiendes quién eres, lo que eres y donde ya no eres te marca tanta diferencia." El liderazgo de estos dos hombres no se basa en su pasado o de la familia, sino en quiénes eran. Ellos pusieron sus derechos de enseñorearse sobre el pueblo y podían encontrarse sirviendo junto a otros en la reparación de la pared.

El gobernante de otro distrito de Jerusalén que se encuentra en el verso 12 trabaja junto a sus hijas en hacer reparaciones. Esto puede ser un ejemplo de la necesidad de incluir la familia en sus planes. Una de las cosas con las que luchamos cuando empezamos a hacer un negocio o comenzar algo nuevo es el abandono de la familia y la falta de comprensión de por qué estamos invirtiendo mucho tiempo en él. Es muy importante que todos, incluyendo a su familia, entiendan el porqué de lo que estás haciendo. Ellos necesitan entender y ser conscientes de los plazos. Doug crió 3 hijas, y comunicar el "por qué" les ayudó a protegerse contra la amargura porque entendieron que el sacrificio era para su beneficio. Comunicarse de la forma más transparente con su equipo, y con su familia es esencial. Averigüe qué es realmente importante para sus hijos o cónyuge y asegúrese de que usted está allí para esas cosas. Invita a tu familia en el negocio y su mundo hablando de su día, el envío de mensajes, etc.... Haga tiempo de calidad. Como se ve en el resto del capítulo 3, no hay dependencia de unos a otros. Su familia debe ser capaz de confiar en ti y viceversa. Ustedes son un equipo. Cuanto más se puede comunicar el valor de sus roles en su vida, más se va a sentir una parte de ella.

Por último, llegamos a la culminación del plan en el verso 32. ¿Por qué es importante? Habían llegado al punto de partida. Comenzaron en la puerta de las ovejas, los roles designados todo el camino alrededor de Jerusalén, y ahora estaban a punto de terminar la fundación donde comenzaron. Hubo una integridad muy específica y clara para el plan. Tiene que asegurarse de que usted no sólo tiene la fundación, pero ha comunicado el panorama general con el fin de que la gente sepa lo que la terminación parezca. Después de asignar cada papel a los grupos, se les recuerda a los de la puerta de las ovejas, el punto de partida y el punto final. Los entrenadores deportivos siempre están recordándoles a los jugadores que la victoria se encuentra a través de volver a los fundamentos, las habilidades fundamentales que aprendieron en su juventud y se les recuerda el valor de esas competencias rudimentarias. El proyecto había llegado de nuevo a la puerta de las Ovejas, donde todo comenzó. Habían empezado con el final en mente y entonces serían capaces de salir a hacer su parte y saber cuál sería el final.

Capítulo 6
Nehemías 4:1-15
Cuando las Cosas se Ponen Difíciles

Cuando las cosas se ponen difíciles, y sin duda sucederá, ¿cómo responderá? Habrá momentos en los que te vas a dudarás o incluso querás renunciar. Puede despertar en algunas mañanas y preguntarte por qué estás trabajando. Vas a preguntarte por qué las cosas no están funcionando. La gente va a querer que usted salga y tratarán de conseguirlo. Ellos pondrán en duda lo que estás tratando de hacer. ¿Vas a ser firme o cederás?

¿Estás listo para hacer frente a esta oposición? Nehemías lo hizo. En el capítulo 4 versos 2-3, Sanbalat y Tobías venían a hostigar a los judíos a través de burla verbal. Ellos dijeron mentiras destinadas a crear dudas, inseguridades y temores dentro de los trabajadores, pero Nehemías no estaba teniendo nada de eso. Su oración en los versos 4-5 está goteando con un tono duro expresando cómo se sentía acerca de Dios y su propósito de ser desafiado. No sabemos todo lo que pasó o que se dijo entre los versos 5 y 6, pero después de la oración, la gente se puso a trabajar. La pared se unió desde el principio hasta el final y fue construido a la mitad de toda su altura después de la burla de esos dos hombres. En lugar de las dudas de trituración, ellos fueron utilizados como combustible para probar un punto y llevar a cabo una gran tarea.

La gente va a estar molesta. Van a burlarse de ti. Cada vez que intentas crecer en la vida personal o profesional, ya no encaja en el cuadro de personas se han creado para ti. Tan pronto como usted crece fuera de ese cuadro, la gente se incomoda. Algunos responderán a esta criticando y algunos retrocederán. Las cosas se ponen difíciles. Ha cambiado. Cuando nos hundimos en esa realidad, engendra inseguridades, miedos, los celos y otros sentimientos dentro de ello, que desplazan fácilmente a usted. Cuente con esto.

Anticipe las falsas acusaciones. Sanbalat y Tobías venían con todo tipo de acusaciones contra los judios con el fin de disuadirlos. Cuando llega la oposición, puede ser difícil y desalentadora, pero no tiene por qué ser perjudicial. Cuente con la oposición de los amigos, la familia, los competidores, los enemigos, o alguien que quiere su trabajo. La gente se enoja, van a tratar de conseguir desanimarte y echarte abajo. Ellos hablan de ti, dudan de tus habilidades, cuestionan tus motivos, añaden mentiras torciendo su propósito, y se burlan de tu plan. Eso es lo que hace la gente para tratar de frustrar los planes de los demás y hacer que se pierda credibilidad. Desafortunadamente la gente que hace este tipo de cosas suelen ser los que no hacen nada productivo a sí mismos. En lugar de construir para arriba, tratan de arrastrar hacia abajo a fin de mantener una copia en un lugar donde se encuentren. Como líder, tiene que darse cuenta de que los tiempos van a ser duros de manera que se usted lo sentirá, pero si planea en consecuencia cortar mentiras antes de que tengan tiempo para echar raíces, se puede utilizar como un catalizador para el progreso.

Cuando se enfrenta a la oposición, la gente a menudo siente la necesidad de tratar de obtener justicia por su cuenta. Esto rápidamente se convierte en argumentos de vida de ozono que son imposibles de ganar porque nunca tuvieron una base sobre la que se destacan en primer lugar. Si se coloca en esta posición, estos críticos serán tus jueces. No te preocupes por lo que estén diciendo. En el verso 4, Nehemías oró y buscó alivio de la oposición. Soltó la preocupación y la frustración, dándole a Dios en vez de discutir con estos hombres insensatos. Se quedó enfocado en la tarea puesto delante de la gente. Él no perdió el tiempo en palabras vacías, pero siguió avanzando. Es responsabilidad del acusador para proporcionar evidencia que apoya su reclamo, no el acusado. La lucha contra la acusación con la acusación es una pérdida de tiempo y energía. Romanos 12: 17-19 nos recuerda que debemos dar bien por mal y la confianza de que Dios se encargará de la justicia. A veces no luchar es realmente difícil, pero entender el motivo de retener la venganza se vuelve más fácil. Estos detractores siembran mala comunicación, acusación falsa, y se cosecharán lo que han sembrado. Mantén una actitud de confianza en Dios para cuidar de ella y una mentalidad de siempre seguir adelante. No te preocupes por lo que el mundo dice, ellos siguen centrados en la asignación de puesto delante de ti. No renunciar a su valioso tiempo para luchar argumentos irrelevantes de las personas que no están relacionadas con el proyecto.

Parte de ser un profesional es aparecerse todos los días, incluso cuando las cosas se tornan difíciles. El Sistema de Desarrollo de la Gestión Empresarial, EMDS, es un sistema que ayuda a los trabajadores a permanecer constante. Este sistema requiere de los empleados para manejar diariamente sus tareas y responsabilidades, independientemente de su nivel.

Todos los días hay que mirar sus problemas y circunstancias, luego manejar su carga de trabajo para ese día. Wornick celebra reuniones diarias de planta, reuniones diarias y reuniones organizativas cotidianas. Su gestión a menudo se preguntaba por qué estas reuniones deben celebrarse a diario, y la respuesta es porque las cosas suceden a diario. Los beneficios de usar este tipo de sistema dentro de las organizaciones están bien documentados. El beneficio de un individuo es que hace aparecer cada día un requisito absoluto. No hay días libres, aparte de las vacaciones o enfermedad. No hay oportunidad para simplemente dormir incluso si quieres, porque te están pagando y la gente está confiando en usted. Solo tiene que mostrar y hacer su trabajo. Al final del día, se puede ver los resultados y ver lo importante que era para gestionar las tareas y problemas de ese día. Una de las cosas más difíciles sobre el liderazgo es simplemente la voluntad de presentarse todos los días. Por lo general, la tentación de no ir es simplemente porque estás cansado, estás aburrido, estás desanimado, o está abrumado. Los que te rodean pueden estar sintiendo el mismo tipo de cosas, por lo que muestra todos los días, sobre todo en medio de tiempos difíciles proporciona un ancla de esperanza para ellos. Ellos ya no tienen que pelear la batalla solo y estarás allí para extinguir mentiras y estimular la acción cuando el problema parezca inevitable.

El proyecto de Nehemías y su pueblo ahora estaba casi terminado. Se podría pensar que las personas estarían más auto-motivadas y protegidas contra mentiras, pero eso no es la realidad. La verdad es que cuanto más éxito tenga, más oposición aparecerá. Con demasiada frecuencia, la gente tiene un buen comienzo y las cosas parecen ir muy bien. Luego son cegados por los problemas y la oposición que no previeron. Póngase en guardia en todo momento y estar listo para dar una respuesta racional a la oposición. Usted encontrará que a medida que seguir adelante, se descubre que más gente se enoja. Las conspiraciones, mentiras, y los sentimientos antagónicos se hablarán para tratar de que te vengas abajo. Hacer frente a la oposición, las luchas y los tiempos difíciles son sólo una parte del progreso. ¿Está en lugares y alrededor de la gente donde está siendo alentado? Lo necesitará conforme pasa el tiempo. Para muchos, si usted se ha comunicado bien con su familia a lo largo del camino, puede encontrar que el apoyo en ellos. Para algunos, es con un grupo de amigos cercanos o tal vez con su socio de negocios. Asegúrese de que usted tiene la gente y un lugar para ir donde se le pueda animar y le recuerda de su "por qué" sobre una base regular.

Nehemías reconoció esta oposición continua, por lo que tomó su plan e hizo ajustes. El proceso PDCA les permitió crear una solución para el problema actual que enfrentaban. Ahora estaban siendo amenazados por los ataques y tuvo que encontrar una solución para proteger al pueblo. Cuando surgen problemas, asegúrese de que su solución se encuentra todavía en línea con su hoshin. Usted debe mover continuamente hacia adelante, incluso si el proceso ya lleva más tiempo. Máquinas rotas, empleados cabo enfermos, los ordenadores que no cooperaron, mentiras de la prensa, y más va a suceder. Elija una respuesta que mover a su gente y a si mismo hacia adelante en lugar de interrumpir el crecimiento.

Independientemente de lo bien que se enfrente a la oposición, sus trabajadores pueden no ser capaces de hacer lo mismo. Tendrá algunos que son muy propensos a preocuparse, otros desanimados con mayor facilidad y algunos que piensan que es demasiado duro y van a querer renunciar. Su responsabilidad como líder es fortalecerlos y disminuir su carga. Ellos se ven desalentados por las cosas en su camino. Tal vez hay demasiadas cosas pasando o una ruptura.

Hay una oportunidad en ese momento para ir al Gemba, para ir a ver la causa de desaliento y de abordar personalmente. Como líder, su gente se desanima, incluso a sus mejores trabajadores a veces. Eso no quiere decir que sean malas personas. Las buenas personas se desaniman, frustrados, abrumados, y agravados. Su trabajo consiste en ir a ver y tratar de ayudarles a eliminar los obstáculos que se encuentran en su camino. A veces esto significa abordar las preocupaciones sobre los rumores de que había estado flotando alrededor. A veces, se está haciendo un ingeniero para arreglar una máquina que sigue rompiendo.

A menudo la oposición ocurre en el lugar de trabajo. Faltan herramientas, las personas no están haciendo su parte del trabajo, o las condiciones son pobres. Las 5S pueden ser utilizadas como una herramienta visual para ayudarle a lidiar con las cosas que están en el camino. Controles visuales hacen las normas claras; limpian las cosas. Las 5S es una manera rápida de mantener las cosas en orden para que la gente pueda trabajar y saber dónde están las cosas y encontrarlo fácilmente. Los japoneses desarrollaron las 5S como el nombre de un método de organización del trabajo que se basa en estas cinco palabras japonesas: Seiri, Seiton, seiso, seiketsu y shitsuke. En inglés, nos atenemos a 5 S de y describimos como:

1.) Ordenar = Deshágase de las cosas que no necesita, es decir, el exceso que no le pertenece y se pondrá en el camino. Ordenar y encontrar un lugar para cada cosa le ahorrará tiempo más adelante.

2.) Enderezar = Que sea fácil de localizar elementos necesarios a través de disposición sistemática. Tener tijeras en la misma caja, escobas que cuelgan en el mismo rack, y todo marcado visualmente. Usted debe ser capaz de mirar con facilidad y ver donde las cosas son y hacia dónde van. Al final de cada turno, todo debe estar de vuelta a donde pertenece y listo para ir a por el siguiente turno de los trabajadores que vienen. Demasiado tiempo se puede desperdiciar y proyectos detenerse a causa de suministros faltantes o que no estén fácilmente localizados.

3.) Shine = Asegúrese de que el lugar esté limpia y si la basura se tira. Tome el orgullo en su lugar de trabajo y ayude a mantener las máquinas y materiales de construcción para que duren más tiempo. Mantener las cosas limpias aumenta saneamiento y disminuye la enfermedad en el lugar de trabajo.

4.) Estandarizar = Dale estructura a todas las áreas. Esto acelera los procesos y ayuda a las personas cuando van a diferentes áreas porque entienden el estándar incluso en una posición diferente, como los relojes que se colocan encima de la puerta en cada habitación, o todas las salas de mantenimiento almacenar trapeadores en el mismo lugar.

5.) Sustain = Mantener el área limpia. Usted puede hacer que al tener las auditorías de jefes de equipo, supervisores, gerentes, y por los propios trabajadores que diariamente verifique las normas. Listas cambiantes permiten a la gente a comprobar fuera de lo que hay que hacer para asegurarse de que todo está de vuelta en la norma y listo para la siguiente persona. Al auditar, puede utilizar el método PDCA que ayudará a asegurarse de que las auditorías se están haciendo con eficacia. Si audita y algo está fuera de la norma, usted puede preguntarse por qué. La auditoría no es asegurarse de que las personas están haciendo su trabajo, pero en su lugar se asegura un sistema para impulsar la mejora continua y que todo el mundo está haciendo lo que dijeron que harían. Es una herramienta eficaz.

5S es un muy buen sistema para aplicar independientemente de la organización. Imagínese que usted ha estado trabajando en el tercer piso de un edificio de oficinas, y luego de ser transferido a la segunda planta, se encarga de una parte diferente de la organización. Usted va a tener que aprender muchas cosas nuevas, pero hay algunas cosas que podrían aumentar tu velocidad de aprendizaje. Imagínese si la habitación de copias fue localizada en el mismo lugar exacto en el tercer piso, ya que es la segunda, junto con el papel y tóner extra. Imagínese si la oficina de su gerente se encuentra igual que en el segundo piso. ¿Cómo sería si los suministros que necesitas siempre estuvieran en el mismo lugar? Si esto fuera cierto, un dirigente ya no es necesario. Usted tiene menos estrés y sería capaz de centrarse en las nuevas habilidades necesarias para aprender el trabajo en lugar de tener miedo a preguntar dónde está el papel es por tercera vez. La implementación de 5S ayuda a todos a entender las normas y cómo se deben organizar las cosas. Puede ayudar a identificar quién está fuera de la norma y ayudarles a desarrollar las habilidades necesarias para ser estándar. Aunque 5S no va a resolver todos los problemas, disminuirá muchos de ellos. A veces la solución de frustraciones diarias simples permite a la gente a acercarse a otros problemas sin filtros de la ira y el resentimiento que se traduce en resultados más positivos.

Este sistema puede ser utilizado en el hogar también. Una amiga nuestra ha puesto su cocina en modo 5S. Las cosas están etiquetadas. Ella enseñó a sus hijos a saber exactamente dónde van las cosas. Todo se verifica y se pone de nuevo a donde pertenece. 5S ayuda a eliminar el desorden, ayuda a poner las cosas donde deben estar, elimina las cosas fuera del camino, y ayuda a crear una condición de trabajo y la vida diaria de sostenimiento que sea propicio para la productividad.

Después de que Nehemías y su equipo abordaron los problemas iniciales que la oposición continuó desarrollando. Por el verso 11, nos encontramos con las personas que viven en la angustia. Las contramedidas a corto plazo ya no eran suficientes. El plan necesario era ajustarse de nuevo y buscar una nueva solución. Las modificaciones se realizaron con el fin de satisfacer las necesidades de los trabajadores. En el verso 14, Nehemías se dirigió al pueblo en su conjunto. Vio sus miedo y les recordó el gran trabajo que estaba una parte ya terminada, y de su finalidad. Él habló directamente a sus preocupaciones y les pidió luchar por sus familias y entre sí. Él utilizó la fuerza de trabajo en equipo para unificarlos en contra de la oposición en vez de contra ellos mismos. Como líder, haga lo mejor para infundir esperanza positiva en su gente, al limitar la cantidad de información negativa que reciben. Los rumores pueden causar grupos de implosión. Si es necesario, abordar temas como esos. Sea proactivo en el envío de las noticias positivas que puede disipar rápidamente las mentiras que circulan con tanta facilidad. No esperar que las cosas se compliquen.

Siempre hay picos y valles en la mejora. Asegúrese de que la línea de tendencia esté mejorando con el tiempo. Asegúrese de estar mejor la próxima semana de lo que eran en semanas anteriores y que estarán más allá en el próximo mes de lo que eran en los meses anteriores. Cuente días de abajo, cuando estás en el valle, pero espero que haya cada vez menos de esos días y no habrá más picos que valles como su línea de tendencia se mueve hacia su objetivo. Cuando las cosas se ponen difíciles, ponerse firmes. Los problemas, angustias y frustraciones de iniciar o mejorar un negocio, una iglesia, un nuevo papel, o una nueva responsabilidad, sin duda, son muy duras y a veces es difícil. Habrá días cuando usted como un líder, afirme lo que estás haciendo, recuerde su "por qué", cave en sus dedos del pie y ponga un pie delante del otro, moviéndose continuamente hacia adelante.

Capítulo 7
Nehemías 4:16-23
PDCA y Resolución de Problemas

Presentamos brevemente el método PDCA en el capítulo 5, pero en este capítulo vamos a profundizar más en cómo ponerlo en acción. Es importante que entienda realmente y saber cómo aplicarla. PDCA significa:

- **Planear**
- **D**o "Hacer" el plan
- **Checar** el plan mientras se desarrolla
- **Ajuste** el plan y repita.

PDCA debe ser constante, independientemente de lo que estás haciendo, tanto en los ámbitos profesionales y personales. Para poner un plan en marcha y asumir que en los próximos años su plan irá a la perfección es una muy mala suposición y se establece para la decepción. Usted tiene que comprobar continuamente y ajustar el plan. Usted tendrá que comprobar varias veces lo que realmente está pasando y ajuste para asegurarse de que usted está dirigiendo en la dirección correcta. El "plan" y "qué" deben ser sencillos pasos. La mayoría de la gente tiene buena planificación, lo hace, se lamenta en la comprobación, y luego nunca consiguen nada alrededor para ajustar. Es importante hacerlo bien en cada una de estas áreas, pero hay que hacer mucho en el ajuste porque así es como va a suceder (mejora continua). El proceso PDCA es la herramienta de mejora continua utilizado persistentemente para comprobar y asegurarse de que usted se está moviendo hacia adelante.

En Nehemías 4, las personas están luchando con la duda, rodeados de enemigos, y frente a la oposición de todas las direcciones por lo que deben hacer algo. Ellos se desaniman y abajo. Ha habido algunas cosas que han ocurrido en el plan, algunos eventos inesperados que deben ser tomados en consideración. El versículo 16 demuestra un ajuste que se hizo para asegurar que el trabajo continúe. El plan fue revisado y un problema fue descubierto. Después de ver lo que estaba pasando, el plan se ajustó y un nuevo plan se puso en marcha. Entonces ellos comenzaron a hacerlo de nuevo y el proceso continuó. Habían trabajado sin cesar hasta este punto, y luego, de repente, a causa de su progreso, los celos se levantaron y vinieron más enemigos queriendo dejar el trabajo por completo.

Tuvieron que cambiar las normas. Los roles fueron adaptados. Cuando el trabajo y las normas cambiaron tanto, las cosas fueron explicadas claramente para que todo el mundo estuviera al tanto de los cambios y la forma en que se suponía que debían responder a ellos. Cuando se realicen cambios en sus planes, asegúrese de comunicar claramente con el fin de evitar la ansiedad del personal porque no están seguros de lo que tienen que hacer y cómo van las cosas.

Los constructores estaban en un PPE "equipo de protección personal". Ellos debían tener sus armas listas para protegerse a sí mismos. Si intenta imaginar la construcción de algo y, repentinamente estar atado con una espada, usted encontrará que obstaculiza el progreso porque algo no está familiarizado con algún agregado y se necesita un tiempo para adaptarse al cambio. Imagine la espada como algo engorroso que pone la tensión física, mental y emocional sobre ti y hay que aprender a aclimatarse. Al comenzar a cambiar una cultura de la empresa, algunas personas pueden oponerse a las normas puestas en marcha, afirmando que son innecesarias. Si estás en un escenario donde hay ciertos requisitos, entonces usted necesita asegurarse de que usted está siguiendo sin importar qué tan de acuerdo o en desacuerdo estén. A raíz de esto, las regulaciones son importantes y la gente está buscando para ver cómo los valora. Ningún hombre vive o muere para sí. Cuando estás en el liderazgo, la gente va a ver a ver si estás haciendo lo que dice y que no sólo están usando palabras vacías. Ralph Waldo Emerson dijo: "Sus acciones hablan tan fuerte que no puedo escuchar lo que está diciendo." Sus acciones están siendo observadas y hablan mucho más fuerte que cualquier palabra que salga de vuestra boca. Por lo tanto, tener cuidado de asegurarse de que sus acciones se alinean con sus palabras. Por ejemplo, si sus requisitos de trabajo implican algún tipo de riesgo para la seguridad, algunos dirán que no es necesario tomar precauciones como con gafas o máscaras, pero parte de su trabajo como líder es la de proteger a su gente. Puede servir de ejemplo al asegurarse de que usted está siguiendo el protocolo de seguridad. Si necesita gafas y máscaras, asegúrese de ponértelos siempre. Es vital que cuando se tiene estándares en su lugar, los líderes las cumplan. Entender que es crítico para caminar su charla. Tener un proceso PDCA propio le ayudará a hacer esto.

Debido al peso y la tensión de la armadura de Nehemías, los ajustes incluyen algunos controles audibles. Sonidos específicos podrían hacer que las personas se muevan y hagan ciertas cosas. Esto es lo que vemos que sucede en el verso 20. Siempre que se oyó una trompeta, el pueblo debía reunirse en ese lugar deteniendo el trabajo por un problema, que en este caso era un enemigo atacando. Los trabajadores eran cómodos pidiendo ayuda. Ellos entendieron que si eran atacados y derrotados, entonces causarían daño a todo el grupo. Piense de nuevo en el juego de la luz roja, luz verde que puede haber jugado cuando era niño. Cuando se le dio la orden verbal de "Luz Verde", que había corrido tan rápido como sea posible para la línea de meta. Tan pronto como "Luz Roja", se gritó, su trabajo consistía en detener y congelar en su posición.

Los controles audibles eran muy simples, alertando al oyente de la acción correcta a tomar de acuerdo a la señal, pero ese mismo principio subyacente es algo que se puede aplicar en el lugar de trabajo o incluso en su vida personal. Para Nehemías, el control audible para pedir ayuda era una trompeta. Para una empresa, puede ser una campana o timbre que se apaga cuando se necesita ayuda.

El método Toyota del liderazgo utiliza controles visuales y audibles en un sistema que ellos llaman "Andón." Andones se utilizan para alertar a la gerencia, compañeros de trabajo o mantenimiento de un problema que se ha producido. Ya sea un cordón que tira o empuja, un botón acústico y visual llama la atención sobre el lugar donde se produjo el problema llevando ayuda a ese lugar para que el problema se pueda solucionarse y el progreso pueda reanudarse. Es su responsabilidad ayudar a crear un ambiente donde la gente puede pedir ayuda cuando existan líos o hay un problema, sin tener miedo de ser disciplinado. Una señal Andón es una oportunidad para el crecimiento. Cuando alguien pide ayuda, responder y utilizar esa oportunidad de entrenar y enseñar a la gente cómo mejorar para que los problemas se reduzcan y la confianza se incremente. Es mucho más fácil de entrenar a alguien que ha cometido un error que despedirlo, contratar un sustituto, y luego aunque lo enseñes puede volver a cometer el mismo error. Cuando se manda un Andón, hay que reunirse con ellos en el problema y trabajar juntos para luchar contra él en lugar de la otra.

En una empresa, un andón puede ser una luz roja como señal de que debe venir el gerente. Puede que sea un sonido que alerta a la gerencia de un área. Averigua lo que funciona mejor en su situación. A nivel personal, cuando la vida es muy estresante y sus días están ocupados, tal vez necesites configurar una alarma para que suene a asegurarse de que reorientar su atención, llame a su cónyuge, o de salir del trabajo para ir a recoger a sus hijos. Al estar rodeado por la oposición, es fácil olvidarse de las cosas importantes. Ajuste su plan durante esos tiempos y poner en marcha los controles visuales y audibles que aseguren que se están moviendo hacia adelante en su profesión y en su vida personal.

Nehemías y el pueblo fueron bombardeados con problemas, tanto de adversarios fuera y también desde dentro. Tener un método de resolución de problemas en el lugar que le ayudará en estos momentos altos de estrés y cuando ocurren pequeños problemas en la vida diaria. A continuación se muestra un ejemplo de un método de resolución de problemas en 8 pasos:

1. Clarifica el problema- *identifica el problema*
2. Descompón el problema- *analiza el problema por todos los ángulos*
3. Establece metas- *ajusta el resultado a alcanzar*
4. Analiza las causas raíces- *piensa a través de la verdadera causa del problema*
5. Desarrolla contramedidas- *crea una respuesta positiva al problema*
6. Dar continuidad a contramedidas- *dale continuidad*
7. Evalúa resultados y procesos- *califica los resultados y los procesos*
8. Estandarizar procesos- *asegúrense de continuidad de resultados*

Paso 1: Clarifica el Problema

Comience con una declaración para aclarar el problema. Por ejemplo: Quiero que Ash-Lynn lave los platos en 20 minutos y lo está haciendo en 30 minutos. Hay una brecha entre el estado actual y el resultado deseado. La brecha es donde derivamos nuestro planteamiento del problema.

Paso 2: Descompón el problema

En este paso, nos fijamos en todas las cosas que están involucrados en el problema: el hombre, materiales, maquinaria y método. Averiguar si el problema es el poder del hombre, la falta de material, etc... Diseccionar el problema con el fin de entender lo que está causando la brecha.

Paso 3: Establece Metas

Con el paso 2, usted debe tener un resultado deseado que usted quiere lograr que debería alinearse con el paso 1.

Paso 4: Analiza causas raíces

Se define la causa a través de los pasos. Ejemplo: La silla se rompió. La silla se rompió debido a que los tornillos estaban sueltos. Los tornillos estaban sueltos, porque no teníamos las herramientas adecuadas para apretarlos. No teníamos las herramientas adecuadas porque no invertimos en lo que realmente se necesita. Eso define la causa raíz. Cuando desee comprobar la validez de la causa, lo hace la prueba, por lo tanto de abajo hacia arriba. No teníamos las herramientas adecuadas, por lo que los tornillos no se aprietan correctamente y la silla se rompió. Si usted puede ir a través de la prueba, por tanto, que crea una frase que se remonta a el problema original, de lo que han analizado la causa raíz correctamente.

Paso 5: Desarrollar contramedidas

Cuando estás desarrollando contramedidas, nos fijamos en las opciones y mira lo rápido que puede implementar el cambio, contar el costo, y determinar la eficacia de la contramedida. Al observar nuestro ejemplo silla, una contramedida podría estar comprando nuevas sillas. ¿Será que ser rentable? Sería a resolver el problema, pero es la mejor solución? Piense en posibles soluciones y decidir sobre la mejor contramedida.

Después del paso 5, haga un informe a la dirección
para asegurarse de que aprueban las contramedidas.

Paso 6: Dar continuidad a contramedidas
Implementar la contramedida.

Paso 7: Evalúa resultados y procesos
Después de 60-90 días, evalúa la eficacia de la contramedida y determina si se trata de algo que debe ser puesto en una norma.

Paso 8: Estandarizar procesos
Crea estándares basados en contramedidas exitosas y procesos que se implementaron durante todo el proceso.

En los versos 19-20, el problema para Nehemías era que el trabajo era pesado y la gente se separaron por lo que es fácil para los enemigos atacar. Una vez que se identificó el problema, podrían tomar medidas para encontrar y poner en práctica una contramedida. Con demasiada frecuencia, nos lanzamos a conclusiones acerca de la raíz del problema. Pasando por el método de resolución de problemas, paso 8, es una buena manera de asegurarse de que el verdadero problema está siendo identificado y tratado. He aquí un ejemplo de lo que esto se ve como en la práctica:

Un envío se supone que debe estar listo a las 3 pm el martes. A las 2:30 pm usted recibe un mensaje en su oficina que las cajas no están allí. La reacción inmediata es culpar a la persona que se supone que debe tomar las cajas de la línea a la zona de carga. Pero en cambio, como un buen solucionador de problemas, usted va a los Gemba con el fin de desglose del problema. Usted habla con Mike, que se suponía iba a entregar las cajas a la zona de carga. Mike explica que él nunca recibió las cajas para entregar. Esto le lleva a Erin, que estaba a cargo del cumplimiento de la orden. Ella explica que el pedido está listo, pero que estaba esperando las cajas. Usted continuará siguiendo el camino de regreso a un orden que había sido colocado para cajas y descubre que el orden que se suponía que iba a ser colocada por 500 cajas había sido colocado por 50. Un pequeño error tipográfico fue la raíz del problema y no habrá suficientes cajas para cumplir con la orden.

Se necesita una contramedida. Hace que Jane llame a un distribuidor cerca y consigua 450 cajas, lo que provoca un ligero retraso, pero la orden se cumple. Ahora tiene la oportunidad de evaluar los resultados y el proceso. Te sientas con Erin y le recuerdas que si hay un problema, es su responsabilidad de notificar a alguien para que el problema se aborde de inmediato. Usted específicamente asegura que aprecias la velocidad en la que ella era capaz de obtener los productos envasados, y poco después se entregaron las cajas. La próxima vez que Erín tenga un problema, ella se va a sentir cómoda pidiendo ayuda. Este proceso de entrenamiento debe pasar con cada persona en la línea directa del problema con el fin de crear un proceso estandarizado como éxito que fomentará la cultura unificada que se está intentando crear.

Usted puede encontrar una versión descargable en nuestro sitio web www.TELeadership.com. A3 es simplemente el tamaño del papel, un niño de 8 ½ "por 17" pedazo de papel que incluye todo el proceso en una página, por lo que es fácil de ver.

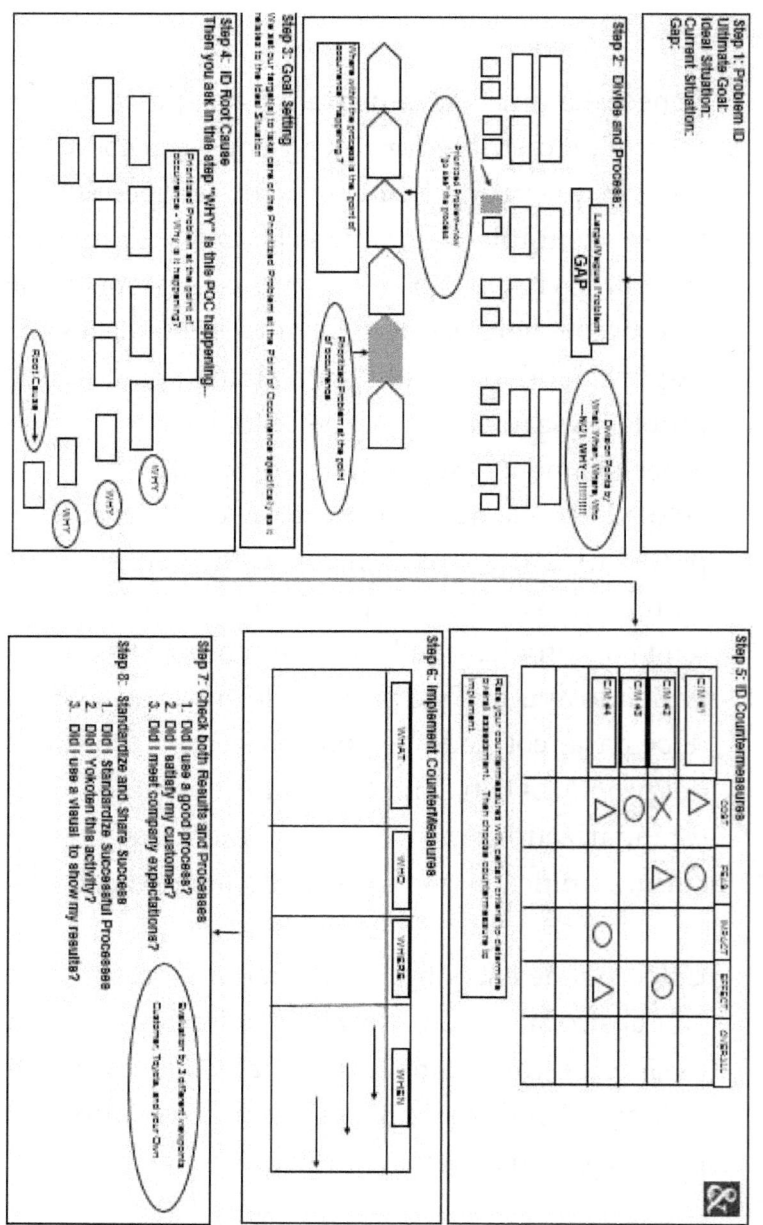

Capítulo 8
Nehemías 5
La Cultura Correcta:
Construyendo Cultura de Respeto

La cultura es el carácter de su empresa. Lo ideal sería que usted tenga la suerte de construir la cultura desde la base hacia arriba. Sin embargo, muchas veces cuando se empieza en un nuevo negocio, una nueva empresa o un nuevo papel, la cultura está ya establecida y que se enfrentan a unirse a la cultura actual. Dependiendo del tamaño de la organización, y la historia, pueden pasar varios años para que la gente en una cultura pre-establecida pueda cambiar. Independientemente de si usted está en condiciones de construir una cultura desde cero, o si va a tomar años para cambiar, vale la pena su tiempo y esfuerzo. Las personas son el corazón y el alma de una organización por lo que necesita para construir la cultura con una comprensión de la prosperidad mutua, tanto para la empresa y sus empleados.

Al comienzo de Nehemías 5, nos encontramos

con una cultura que era corrupta. Nehemías escuchó el gran clamor del pueblo y descubrió que los responsables estaban tomando ventaja de esto. Las mismas personas que habían trabajado tantas horas de lado a lado se dividieron en los niveles de liderazgo e hicieron un mal trabajo de la misma. Había pobreza, falta de vivienda, y la deuda corriendo detrás de partida desenfrenaba ira, amargura y descontento. Las presiones eran muy obvias. La angustia era clara. El liderazgo no estaba cubriendo incluso las necesidades más básicas de las personas.

Nehemías sabía que estas cosas habían sucedido por la falta de liderazgo. La cultura en la que habían llegado había perdido su camino en la nueva cultura. No tenga miedo de ser apasionado y emocional, pero mantenga el control durante situaciones en las que se vea injusticia o corrupción. Como líderes, no puede permitirse el lujo de explotar, perder el control, o permanecer en un alto nivel de frustración. Nehemías comenzó abordando el estándar, empezando por él mismo. Comprobó su propio corazón antes de dirigirse a los demás. Él pensó a través de la situación y la forma de abordar con cuidado.

Estaba dirigida a los responsables, como lo vemos en los versos 7-11. Él reprendió a los causantes de la opresión. Él les dijo que lo que estaban haciendo estaba mal, pero luego comenzó a hablar a sus corazones y los invitó de nuevo al propósito original. Les recordó que los que están dentro no son el enemigo, pero sí los que rodean a ellos y desean oprimirlos. Les recordó la unidad y les rogó volver a los fundamentos, honrar a Dios, respetar a las personas, y avanzar hacia el Norte Verdadero como uno.

Para aplicar una cultura de una empresa, el propósito tiene que estar en el centro de la misma. Un buen ejemplo de la necesidad de propósito se puede encontrar mirando los empleados que vienen de la Generación del Milenio, los que entran en la fuerza de trabajo en torno al cambio de milenio. Esta generación no valora los incentivos financieros tanto como las generaciones anteriores, por lo que están mejor motivados. Sin un sentido de propósito, no van a ser contratados. Sólo se puede pagar a la gente por lo tanto, dándoles lo que dicta el mercado y lo que su margen de beneficio permite, sino que tiene que ser más, las personas deben tener un sentido de propósito y satisfacción.

Tratar a las personas bien, dando oportunidades justas, mostrando respeto, dando oportunidades de participar y crecer, y ofreciendo oportunidades para el desarrollo profesional debe ser una parte de lo que estás creando. Usted debe respetarlos, desafiarlos, desarrollarlos, y esperar que crezcan bajo su dirección en lugar de oprimirlo y vivir en el temor de que ellos se levanten para tomar su lugar. Usted debe anticiparlos creciendo y mejorando para que su organización pueda llegar a ser más que un equipo. Usted tiene que entender que las personas importan, y construir una cultura en torno al respeto. A menudo las personas recién ascendidas pueden ser un reto, ya que sólo quieren demostrar que son el jefe. Esto lleva a que hablen a la gente mal. Reconoce esto y enséñales que servirlos es dirigirlos.

Poner sus empleados primero es esencial. Hay muchas empresas han hecho grandes cosas por poner empleados primero. La transformación cuando se empieza a desarrollar, preparar, y formar a las personas es incalculable. Es mejor desarrollar a las personas y hacer que se queden en su compañía, a continuación, contrario a no desarrollar a las personas y hacer que su empresa no crezca. Invertir en ellos en lugar de oprimirlos será un beneficio suyo. Los trabajadores se esforzarán más, van a sacrificar más. Opresión hace exactamente lo contrario. Tan pronto como el jefe sale de la habitación, los trabajadores tienden a aflojar. La rotación de empleados es alta, el estrés es constante, y el crecimiento se reduce al mínimo. Los mayores activos, el pueblo, están contenidas y nunca les da la oportunidad de ser un beneficio real para el grupo.

Cuando se enfrentan a problemas, primero debe acudir de inmediato a la causa raíz. Doug demostró cómo se ve esta estrategia cuando su compañía recibió el producto equivocado. Habían cometido algunos errores, por lo que habían hecho algunos productos malos. La siguiente cosa que sabía, la gente quería deshacerse de la persona que cometió el error. En lugar de saltar a conclusiones, Doug descubrió cómo consiguieron el producto equivocado, ¿cuál era la norma, y la forma de evitar que suceda de nuevo? El respeto se demostró ese día al enfocar la energía en resolver el problema, de mutuo aprendizaje, y las normas para prevenir futuros problemas.

Para muchos, una de las piezas más difíciles del liderazgo es ser capaz de tener una conversación con la gente acerca de lo que hicieron mal. Con el fin de mover a la gente hacia adelante por su bien y por el bien de la compañía, usted debe estar dispuesto a señalar las debilidades y errores. Esto es importante para el equipo. Al principio de su carrera como director, Doug tuvo que aprender a cómo tratar a alguien justo cuando no formaban parte del sistema más adecuado para una determinada posición. Tomar la decisión de trasladarlos a una nueva posición o incluso dejarlos ir era muy duro. Cuanto mejor sea el estándar es el más profundo y su cultura es, más fácil convertir esas decisiones. Las normas hacen que sea más fácil de ver cuando las personas no están cumpliendo esas expectativas de ajuste, que le permite eliminar a sí mismo de un ataque personal y simplemente antes fijarnos en hechos. A medida que se acostumbre a la contratación de más personas, se empieza a buscar a los que se ajustan a sus necesidades. Incluso el miembro del equipo que está fallando merece la oportunidad de ir a otro lugar donde pueden ser mejor utilizados. A veces eso significa trabajar en la misma empresa en un departamento diferente. A veces eso significa dejarlos ir. Esos son conversaciones difíciles que tienen lugar por desgracia lo general después de un montón de frustración y molestias. Debido a estar molesto, es fácil terminar mal una conversación. Cuando usted está sosteniendo a la gente con la norma, los han estado entrenado, que se sirve, o tratado de conseguir la norma y todavía no encuentro, la conversación se vuelve mucho más fácil. Si no son capaces, podemos ver si hay oportunidades para moverlos a un área diferente en el que son capaces. Si no son capaces y son apáticos, ese es otro tema. Es difícil fijar una actitud, y la apatía puede ser cancerosa en el interior de una organización. Como líder, usted tiene que estar listo para tomar esas decisiones por la gente dentro y fuera de los lugares correctos.

A menudo la gente define liderazgo de servicio como relajado y fácil. Sirviendo a la gente no significa que usted deja la gente caminar sobre usted sino que los respetas, y les dan un profundo conocimiento y la formación tanto de su "qué" y "por qué." El liderazgo de servicio enfatiza la prosperidad mutua de la empresa y el equipo lo más posible. Parte de eso es la necesidad de la empresa para mantenerse saludable por lo que todo el mundo se mantiene en un trabajo remunerado. La dirección toma las preguntas difíciles y problemas y les simplifica para que otros puedan seguir adelante. Un líder servidor sabe que si el personal tiene éxito, la empresa tiene éxito. El líder es responsable de mantener un medio ambiente sano donde se eliminan los obstáculos que causan problemas a las personas con el fin de seguir avanzando. Esto toma la alineación. Si los responsables no están alineados, entonces uno no puede esperar a aquellos que no están al ritmo. Este fue el reto que Nehemías enfrentó cuando los responsables estaban desalineados con el hoshin.

Como usted promueve a la gente en nuevas posiciones de liderazgo, debe estar preparado para algo de orgullo. Doug, como jefe, está constantemente diciendo que él trabaja para 500 personas. Él entiende que para que él tenga éxito en su trabajo, esas 500 personas también necesitan tener éxito. Es mutuamente próspera. Con el fin de ayudar en el proceso de construcción de líderes de servicios en lugar de los opresores, necesita desarrollar el proceso correcto de promoción. Usted tiene que mirar a las personas que están liderando cómo están en ética de trabajo. Encuentra los que ya están haciendo el siguiente trabajo porque están poniendo el esfuerzo extra que no se requiere de ellos. Busque aquellos que están sirviendo a otros y ayudando a otros a su alrededor tengan éxito. Busque los que respetan los demás y se han ganado el respeto de sus compañeros de trabajo. Cuando usted está promoviendo líderes jóvenes, lo más probable es que tenga algunos dolores de crecimiento. Ofrecerles apoyo, entrenamiento y mantener recordándoles su papel en ayudar a otros a tener éxito.

Con los años, como líder, es fácil distraerse con el poder. Dirige como si usted no tiene el poder. Los que te rodean reconocen orgullo y pueden tolerarlo durante un tiempo. Sin embargo, van a perder poco a poco respeto por usted y luego te encontrarás aislado y vacío. Su trabajo consiste en mover a la gente más allá de donde pueden llegar a por su cuenta. Manténgase al alcance de la gente. Manténgase cerca del Gemba. Entender lo que está 'pasando al permanecer cerca de la planta y los acontecimientos diarios. No pase desapercibido y manténgase involucrado con la empresa y las personas que la integran. Haga todo lo posible por no diferenciar, sino para servir de manera justa. Tener un trato preferencial como cenas especiales, mayores beneficios, y otras ventajas para los más arriba puede causar fácilmente una grieta y la falta de confianza entre los dirigentes y el pueblo. Tienes que tener cuidado de que este tipo de tratamiento se puede poner a la gente. Tal vez usted no está significando para hacer eso, pero las acciones pueden ser perjudiciales para los demás si usted no está pensando en qué y cómo hacer las cosas con cuidado. Cuando usted comienza a distinguir a las personas en clases separadas, dando privilegios para algunos, empieza a causar un abismo que puede ser difícil de colmar. Manténgase consciente de la cultura y el tipo de líderes que está en la contratación y promoción.

Capítulo 9
Nehemías 6
No Dejes Que el Progreso Sea Tu Caída

¿Alguna vez ha encendido una vela en un cuarto oscuro? En ese mismo momento en que se enciende la llama, lo que una vez fue solamente un vacío oscuro se transforma por la luz. En una noche oscura, una única llama de la vela se puede ver hasta 30 millas (48 km) de distancia (WOLCHOVER 2012). No requiere mucha luz para la oscuridad para ser expulsado. En Nehemías 6, vemos la oscuridad atacando desde fuera de los muros a través de conspiraciones de sus enemigos. Estos ataques habían ocurrido antes, pero esta vez la oposición se deslizó en la oscuridad como una búsqueda de su participación dentro de las paredes. Con el fin de disipar las tinieblas, que tuvo que ser sacado a la luz, el estado de ánimo dentro de la pared estaba cambiando y Nehemías tuvo que estar en guardia contra sus oponentes que le hizo una seña a seguirlos en la oscuridad.

Sanbalat y sus amigos continuamente trataron de

disuadir a los hijos de Israel. Usted también, inevitablemente, experimenta situaciones en las que algunas personas en su vida parecen no tener nada mejor que hacer que darle la lata y condenar a diario. Estos hombres decidieron intentar un enfoque diferente. Decidieron ir directamente para el líder, para invitar a Nehemías a su territorio y aislarlo. Sus intenciones eran causar daños, y Nehemías no iba a dejarse engañar por su invitación oscura que desfiló en sí a la luz. Usted también tendrá la gente que parecen estar que ofrece algo bueno, pero en realidad están ofreciendo algo realmente dañino oculto en un bonito paquete. Sea prudente en esos enredos, trate de no involucrarse en los asuntos con estos lobos con piel de cordero. Su agenda es para arriba a causa de los celos, sus propios planes, sus propias ambiciones o sus propias metas. Anticipar personas que tratan de usted o los otros líderes aislar en su organización. Estas personas traicioneras, para lograr sus propios objetivos, pueden serle dirigido a la gente a estar de su lado y dejando a los demás como extraños. Tenga cuidado de que esto ocurra. Tales incidentes de subversión pueden propagarse rápidamente y aumentar el poder. No se necesita mucha oscuridad para cambiar el estado de ánimo del medio ambiente.

Responder a la oposición es un arte. Cuando su carácter o motivos son desafiados, una respuesta inicial común es luchar. Las acusaciones falsas alimentan el miedo y la inseguridad, que puede conducir fácilmente a su desaparición si respondes mal. Es increíble cuánto va a lograr si te quedas con el proceso en lugar de tratar de disputar todas las voces que lo acusan. La transparencia personal y en la vida profesional es una de las cosas más difíciles para algunos de hacer, pero ciertamente termina como mayoría de las críticas antes de que pueda echar raíces. Una de las mejores cosas que puede hacer es identificar problemas y resolverlos en lugar de tratar de encubrirlos. Asegúrese de que usted sigue siendo transparente. Nehemías encuentra su fuerza en esta transparencia. Él sabía lo que habían hecho los preparativos necesarios para garantizar una base sólida. Sabía que se había ocupado de la documentación necesaria. Estaba seguro de que las relaciones que tuvo en el camino fueron manipuladas o construidas sobre mentiras, pero también en la confianza. Él fue

145

capaz de tener integridad y claridad pudiendo reconocer las mentiras que estaban dirigidos hacia ellos. De no haber puesto previamente estos pasos en su lugar, Nehemías habría estado luchando para tratar de encubrir las áreas expuestas, donde podría ser atacado. Transparencia da el valor y la fuerza para mantenerse firme contra la calumnia.

Las palabras maliciosos se hablarán a veces. Las agendas personales harán mezclarse en la política de negocio. Los celos vendrán cuando hay una injusticia percibida sucediendo. Sin duda, usted se enfrentará a las personas que se opondrán a usted. Ellos van a tratar de desalentar incluso a su mejor gente. Sus labios gotean con veneno, aun sin querer a veces. El mayor progreso que hagas, algunos intentarán obstaculizarlo. Usted no tiene que ser malicioso o contrarrestar con las palabras hostiles, pero en vez de proporcionar una respuesta condensada, informe el buen trabajo que está pasando y que se está llenando su tiempo de seguir adelante con sus metas y planes. No pierda una gran cantidad de tiempo en sus palabras vacías. Sacar a la luz las mentiras (Efesios 5:13) y mantener la concentración.

A veces el desaliento viene en formas que no esperamos. Doug a menudo se sentía desanimado después de recibir críticas constructivas de su mentor. Antes de sus reuniones, habría pensado que estaban haciendo bien, pero después, el peso de todo lo que todavía había que hacer era desalentador. Frente a las lagunas que aún necesitan ser llenado, el número de cosas que estaban fuera de la norma, y los objetivos que parecían inalcanzables fomentó el desánimo. La realidad, sin embargo, era que cada cosa que se destacó podría lograrse y que había hecho un gran progreso. Este tipo de desánimo viene de dentro. Sea consciente de su filtro personal y cómo se está recibiendo información. La información que Doug recibió de su mentor no estaba destinada a ser desalentador, pero le obligaba a pensar de nuevo a través de todo lo que se había logrado ya y sacar fuerzas de eso. La fatiga, el estrés, los problemas familiares, y otras cuestiones pueden jugar un papel muy importante en la forma en que se recibió la información durante todo un día determinado. Tenga en cuenta que su percepción de la información se basa en muchos factores internos, así que no es demasiado apresurado para saltar a conclusiones y progresar por un camino con pensamientos llenos de desesperanza.

Así como es fácil que usted se desanime, así será para los que te rodean. Reconociendo las limitaciones humanas de la gente, le permite responder en la gracia y la compasión. Incluso cuando todo el mundo está progresando, diminutos trozos de desaliento pueden obtener muchos y causar una caída rápida en la moral. Las personas a su alrededor aparecen con sus propios filtros de la vida personal. Tal vez su coche se averió en el camino. Tal vez sus problemas maritales están aumentando el estrés en casa. Todo tipo de factores juegan en cómo se percibe la vida. Muchos de estos factores hacen que las personas respondan y reaccionen de maneras que normalmente no lo harían. Ellos pueden responder a sus preguntas con un tono agudo que no resuena bien con usted. Pueden salir bloqueados completamente y no escuchar sus palabras en absoluto. Hay todo tipo de factores que están saltando lejos en el enfoque y la esperanza. Por favor, no escribir de la gente por qué tenían un mal día. Busque un carácter general, y mirar más allá de esos momentos de comportamiento incoherente y tratar de entender la raíz. A veces las intenciones son realmente para causar daño, pero a menudo las cosas no suceden de un corazón malicioso, sino simplemente por la fatiga o frustración que no están relacionados con su proyecto.

Si la gente que está con ánimos se desalienta, tómese el tiempo para ver si hay una manera en que usted puede ayudar. Muchas veces las soluciones son fáciles de encontrar. ¿Son capaces de reposar emocionalmente en su estado de seguridad en el empleo? ¿Tienen la capacitación que necesitan para sentirse cómodo haciendo su trabajo? ¿Se sienten cómodos indicando cuando hay un problema o están viviendo con el temor de liderazgo? ¿Están desanimados porque no tienen los suministros que necesitan? ¿Están trabajando 80 horas a la semana y sentirse quemado? Estos y muchos otros problemas son solucionables con una conversación, pero usted tiene que tener una relación para que esas conversaciones que suceden. Estar disponible y asegúrese de que todo el mundo sabe que están disponibles.

Para cambiar nuestro enfoque a la inversa de desaliento, entender que la realización conduce a una creciente confianza. Le da algo que se puede mirar hacia atrás con el fin de mantenerse en el futuro. En el capítulo 1 de Samuel verso 7 vemos una batalla que se desató entre Israel y los filisteos en el mismo campo de batalla donde veinte años atrás 34.000 hombres habían sido asesinados entre las mismas personas (1 Samuel 4). Tenían miedo de entrar en la batalla. Las personas que se acercaron a Samuel, el cura, quien buscó a Dios en su nombre. Un gran trueno confundió al ejército filisteo y los condujo a la derecha en su destrucción. Después de que la batalla había terminado y los israelitas había derrotado a su enemigo, Samuel tomó una gran piedra y la levantó. Esta lápida conmemorativa fue nombrado Ebenezer, que significa "hasta ahora el Señor nos ha ayudado." Cada vez que alguien pasó por esta piedra, que se recordó el logro que había tenido lugar y se animó. Cuando tu equipo, tu hijo, tus amigos o alguien cercano a usted logran algo, encontrar una manera de reconocerlo. Considere lo que las cosas podrían ser un "Ebenezer" para ellos para que tengan visualmente algo que ver que les recordará que pueden hacer algo grande, y tal vez que el estímulo pueda impulsarlos a hacer algo aún más grande. Reconociendo los logros es una de las mejores maneras más fáciles de impulsar el optimismo de los que te rodean.

Por el verso 15, después de sólo 52 días, el 21 de septiembre de 444 a.C., el muro fue terminado. Su tarea se llevó a cabo. Las personas que buscan desde el exterior que nunca había pensado que podría completar la misión estaban asombradas y abatidas porque no eran una parte de ella. Al prosperar y terminar un trabajo, muchos, incluso en silencio están desanimados y tristes porque eligieron no participar. Incluso en una empresa, la gente va a querer ser parte del éxito, incluso si no eran parte de la lucha para llegar allí. El hecho de que usted ha terminado una etapa, no significa que no hay más oportunidades o que la oposición se detiene. El muro fue terminado, sin embargo, la oposición comienza de nuevo. Descansando en logros no durará mucho tiempo.

Uno de todos los tiempos conceptos de vida preferidos de Doug es que la resistencia te hace más fuerte. La Compañía E, 5060 Regimiento de la División Aerotransportada 101 del Ejército de Estados Unidos lucharon en la Segunda Guerra Mundial. "Ellos lanzaron un paracaídas en Francia D-Day de la mañana," y después de otros eventos, "finalmente capturados puesto bávara de Hitler, el Nido del Águila en su Berchtesgaden" (Ambrose 2001). Stephen E. Ambrose, uno de los miembros de este grupo de hombres, dijo: "En el combate, la recompensa por un trabajo bien hecho es la próxima tarea difícil..." Muchas veces en los negocios, en una organización, o en la vida, la recompensa por hacer un gran trabajo es conseguir que el próximo trabajo duro. Esas son las cosas que se desarrollan en ti. El hecho de que ha logrado algo, no significa que se reducirá la presión. La responsabilidad se demuestra a través de la realización de tareas difíciles y mantener las características en la progresión.

Si usted no tiene un proceso en el lugar para el reconocimiento de los logros, las personas serán recompensadas por ser el personal de lucha contra incendios. Esto significa que sólo se pusieron temporalmente desvanecer "fuegos", o problemas, y nunca llegar a las causas profundas. Cuando ya no hay ningún incendio, la gente se inquieta. En lugar de construir habilidades para resolver problemas necesarios para mejorar los sistemas y los conflictos, buscan el próximo fuego y en ocasiones algunos lo causan entre sí mismos. Finalmente, los incendios se apagan, y te quedas estancado porque la gente sólo ha aprendido cómo solucionar problemas en lugar de la forma de identificar las áreas de crecimiento a través de técnicas de resolución de problemas. No es suficiente con sólo pasar el día y cumplir con los requisitos. El objetivo es mejorar. Quieres que la gente para terminar una tarea difícil, aprendan habilidades a través de él, y luego pasar a la siguiente tarea más difícil de refinar el proceso. Asegúrese de que usted es la solución gratificante al problema y no de luchar contra incendios. Usted quiere impulsar la mejora, no sólo alentar soluciones curitas. Reconocer el crecimiento y logros, pero no "dejar de avanzar".

Capítulo 10
Nehemías 7-8
Interactuando Con Empleados

Nehemías capítulos 7-8 son sobre la contratación de más trabajadores, dividir el trabajo y la participación de personas por lo que hay un progreso continuo incluso cuando las cosas están funcionando sin problemas. Hemos hablado un poco acerca de los beneficios de los empleados, la prosperidad mutua y cómo una empresa prospera cuando permite a sus empleados florecer. Ahora profundizaremos en el compromiso y cómo se puede alcanzar.

La primera fase del proyecto de Nehemías, la construcción del muro, estaba completa, y él comenzó a pasar a la segunda fase, la vivienda. Nuevas normas tendrían que ser adoptadas y comunicadas claramente. La ciudad fue parcialmente construida, pero había mucho más que hacer. En este punto, el énfasis en el todo se desplaza hacia otro en el papel de cada individuo. El proyecto estaba ahora sobre la gente y ya no se trata sólo de una pared. Hacer cambios en las normas puede ser un proceso temeroso. Cuando llega el momento de hacer esto para su proyecto, es necesario comunicar los pasos para ayudar a mantener a sus trabajadores motivados. Puede ser necesario para que usted pueda comenzar a reclutar gente nueva. El reclutamiento se debe hacer con importancia, centrándose en la contratación y atraer a las personas adecuadas, los que coinciden con su cultura de empresa. Henry Ford dijo: "Busco a una gran cantidad de hombres que tienen una capacidad infinita de no saber lo que no se puede hacer. (Ford) "Él sabía que su equipo tendría que tener mentes que no fueron limitados. Su cultura era acerca de hacer realidad los sueños y hacer lo que nadie había hecho antes. Por lo tanto, buscó personas que tenían esa misma mentalidad.

Peter Schutz, ex presidente de Porsche, dijo, "Alquiler de carácter, habilidad tren." Es más fácil inculcar habilidades dentro de las personas que impartir una nueva cultura y forma de pensar. Es posible, pero es difícil y lleva mucho más tiempo. Si usted ha construido una cultura de ir más allá del liderazgo de servicio adicional, usted necesita contratar a personas que coinciden con esa cultura. La futura prosperidad mutua a largo plazo de cada empleado se basa en la contratación de las personas adecuadas desde el principio. Una vez que su organización es lo suficientemente grande, será más fácil para enseñar la cultura a la gente nueva, porque la mayoría va a demostrar constantemente a ellos. No es justo para sus empleados actuales o los nuevos empleados ponerlos en un lugar donde no se ajustan o no están dispuestos a adaptarse. La comprensión de la cultura de los empleados que se está creando le permite llevar en las personas que tienen la misma progresión de pensamiento como lo hace, por lo que la formación y la transición más fácil para todos los involucrados. Es difícil involucrar a alguien que tiene una filosofía completamente diferente del trabajo de los demás a su alrededor. La protección de las personas actuales y la cultura que han trabajado duro para inculcar demuestra su cuidado por ellos y el respeto por lo que han creado.

Parte del compromiso es la creación de la seguridad laboral en su cultura. Si sus empleados evitan decirle cuándo hay un error porque tienen miedo de ser despedidos, se desperdician tiempo y dinero. Cuando la gente sabe que no va a responder con ira, se encuentran con un nuevo nivel de confianza y empiezan a luchar por algo más que completar el día sin cometer errores. Cuando se produce un problema, debes tomarte el tiempo para entender y entrenar al empleado. Tal vez ellos no estaban bien entrenados. Tal vez había algo que no tenía conocimiento de lo sucedido. Reforzar el proceso, y ayudar a crear un plan PDCA para que puedan acceder a la nueva información y crecer. Explique, enseñe, y muestre cómo hacer las cosas y, a continuación, hacer que repitan lo que han aprendido para solidificar la información. Ver los problemas como oportunidades para el crecimiento y asegurarse de que los empleados aprendan a ver los problemas de esa manera también.

Planee con prudencia para asegurarse de que son capaces de satisfacer las necesidades de sus empleados. Los problemas van a suceder. Estas cuestiones deben anticiparse. Cuando usted comienza con los empleados, asegúrese de ser capaz de cumplir con su compromiso con ellos.

Cuando se necesitan recortes, los empleados deben ser los últimos en irse. La Política de no despido de Toyota sirve como un buen ejemplo. Varias veces, incluso en la reciente recesión 2008, los empleados de Toyota han continuado trabajando mientras que otras compañías despidieron miles de empleados. Cuando las cosas se dieron vuelta después de la recesión, estas compañías experimentaron un mes de pérdida porque tenían que entrenar y construir nuevos empleados. Mientras tanto, Toyota superó a sus competidores en recibir la máxima calificación para las acciones de la industria del motor porque estaban dispuestos a ofrecer vehículos de calidad. Toyota se dio cuenta de que iban a estar perdiendo dinero en general si se dispararan las personas durante la recesión, por lo que hizo una prioridad para hacer recortes en otros lugares. ¿Las personas que te rodean saben el nivel de compromiso que tiene para ellos? ¿Pueden confiar en que cuando las cosas se ponen difíciles que va a hacer todo lo posible para recortar en otras áreas antes de cortarlos? Si la gente realmente confía en que usted tiene su mejor interés en el corazón, será capaz de sacar fuerzas de ellos y comprometerlos mental y emocionalmente a medida que trabaja en conjunto hacia un objetivo unificado.

Aparte de la protección de su personal mediante la contratación de nuevos miembros que están a bordo de la cultura de la empresa y darles un sentido sólido de seguridad en el empleo, reconociendo adecuadamente sus miembros es también una forma clave para involucrar a sus empleados. Comenzando en el verso 1, vemos el reconocimiento a través de promociones. Aquellos que habían servido fielmente y construido otros hasta fueron promovidos por su duro trabajo y porque Nehemías podía confiar en ellos con la continuación de respetar a las personas. Asegúrese de que usted tiene un sistema para reconocer a las personas que han puesto en el esfuerzo y horas extra. Recompensar a las personas para trabajar de la manera correcta, no porque ellos saben cómo trabajar un sistema y cómo tirar de los hilos para conseguir promociones o galardón. Reconocer y recompensar a las personas buenas y respetables que sirven, no como los que manejan sin mostrar respeto por los demás. Aquellos que tratan a las personas con respeto obtienen la oportunidad de avanzar y ser recompensado. Averigüe si alguien fue lanzado debajo del camión gracias una persona o pudo verse bien en una situación. Recompensar el comportamiento negativo sólo conducirá a la frustración. Su sistema de reconocimiento puede incluir un buzón en el nivel del suelo para que la gente inserte tarjetas con notas, reuniones diarias donde la gente tiene la oportunidad de hablar de sus logros, compañeros de trabajo, o presentaciones en línea para permitir que las autoridades superiores sepan acerca de los que van arriba y más allá. Es más fácil para los líderes silenciosos deslizarse sin ser reconocidos o recompensados por su esfuerzo extra. Tal vez usted necesita para incluir un premio héroe silencioso que fomenta la humildad, la servidumbre, y los esfuerzos intencionales para ayudar a otros a tener éxito. Tenga en cuenta que sólo porque alguien en el grupo es más vocal, eso no quiere decir que ellos son los más activos en ayudar a otros a ser fructífera. Héroes silenciosos se encuentran en todas las organizaciones. Muchas veces ellos son el motor de cambio y crecimiento. Ellos necesitan saber que ellos se ven y que su impacto hace una gran diferencia. Si usted es uno de esos héroes silenciosos, los que están detrás de las escenas que hacen que las cosas sucedan, sabe que su papel es vital y que se valoran.

Nehemías puso a su hermano a cargo de un área, porque era un hombre fiel y temeroso de Dios. Fue ascendido, no por quién era, sino a causa de lo que había hecho y cómo lo había hecho. Usted puede conseguir un trabajo junto a gente que conozca, pero usted debe conseguir un trabajo debido a su forma de trabajar. Cuando sea promovido por contactos, le espera un periodo de desconfianza y trabajo duro para hacer que sus subordinados trabajen. Demuestre que usted está calificado y capaz de servir en esa posición, no como teniendo señorío sobre ellos, sino como alguien que realmente busca su bienestar (1 Pedro 5: 3). Nehemías promovió las personas adecuadas para las razones correctas. Desarrollar un proceso estandarizado para las promociones dentro de su empresa u organización. Determine qué es lo que garantiza el reconocimiento y el tipo de reconocimiento. Tal vez es el reconocimiento público en frente del grupo, un nombre en una pared, una pequeña placa, un regalo, una nota de aliento, o una promoción.

Decidir estas normas de antemano disminuye la probabilidad de favoritismo personal y los celos.

Con el tiempo, es natural que la gente pierda el foco del objetivo principal. Quedar atrapados en tareas mundanas cotidianas puede conducir fácilmente a olvidar el propósito general. Al igual que hace Nehemías, reunir al pueblo y otra vez recordarles la hoshin. Tal vez acompañado en un desayuno usted puede tomarse el tiempo para recordar a la gente la historia de la empresa, que les da un momento para reflexionar sobre el crecimiento que se ha producido y recordar el propósito más allá de sus puestos de trabajo. Ayuda a las personas que se vuelvan más comprometidas, ya que son capaces de ver que ellos son parte de un propósito más grande. Son una oportunidad para que usted hable a los corazones de las personas que se sacrifican a diario.

Para su familia, esto puede significar tener una cena especial en el que se toma el tiempo para agradecer a todos los miembros por su apoyo y sacrificio. Se puede caminar a través de lo que se logró debido a su papel en el proceso de crecimiento y reconocer específicamente ciertas cosas que eran valiosos para usted. Usted tendrá la oportunidad de decir cosas como: "Billy, realmente aprecio la imagen que dibujó para mí el 1 de febrero que encontré en mi caja de almuerzo. Fue un gran estímulo para mí ese día y me ayudó a pensar más acerca de usted durante esa semana "o" Shyla, realmente quiero decir gracias por su paciencia durante las últimas dos semanas, ya que he estado trabajando horas extras. Sé que no ha sido fácil para usted criar dos hijos por su cuenta, pero estoy agradecido de que tengo una esposa que sobresale como una madre y que puedo volver a casa y sentir bienvenido. He llamado a una niñera y dispuesto de tiempo libre el jueves para llevarlo en una fecha y mostrar mi agradecimiento. "Palabras simples de reconocimiento recorren un largo camino.

Aunque es muy fácil querer saltar sobre los versos 7-73, Nehemías muestra la importancia de reconocer los demás por tomarse el tiempo para nombrar a cada familia y su significado. Él les recordó que cuando empezaron no tenían ninguna esperanza, pero trabajado juntos realizaron una tarea enorme. ¿Por qué él públicamente reconocer esta larga lista de personas que habían sido involucrado? Debido a cuestiones de reconocimiento. Es importante que muestre respeto mutuo de todo el mundo que ha tenido un papel en el que llegar a donde estás o donde desea ser. Recompensar a los empleados, darles reconocimiento y compromiso, todos dependen de respeto, y tratar a las personas como son importantes, porque lo hacen.

Henry Ford dijo: "Reunirse es un comienzo, permanecer juntos es el progreso, y trabajar juntos es el éxito. (Ford)" La unión es fácil, pero las dos piezas restantes de esa declaración toman intencionalidad. Muchas personas permanecen juntas miserablemente durante años. A menudo hay un hilo común que los mantiene juntos, pero una vez que el hilo se ha ido, una división se produce a menudo. Esto se ve en todo tipo de relaciones, no sólo en el matrimonio. Hemos escuchado innumerables historias de personas que se despiertan y se preguntan por qué estaban todavía en el mismo trabajo que no había cambiado en 20 años, o se preguntan quiénes son, incluso cuando se dan cuenta que a pesar de pasar incontables horas en las relaciones, que nunca fueron totalmente conocido por cualquier persona. En los EE.UU., las estadísticas dicen que la jornada de trabajo promedio para una persona es de 8,7 horas (American Time Encuesta de Empleo del 2014). El ex promedio de 8 horas se ha incrementado debido a la cantidad de tiempo que las personas están trabajando fuera de la oficina electrónica, y para algunos, la jornada de trabajo no termina nunca. Así que ¿cómo se puede ayudar a la gente a cultivar relaciones genuinas entre las personas?

Nehemías sabía que el tiempo que pasaban juntos les daría un mayor sentido de unidad. En Nehemías capítulo 8, el libro de la Ley de Moisés fue leído a la gente. La audiencia de la ley era de gran importancia para los israelitas. Era un ancla para ellos y sirvió como un recordatorio para el desarrollo personal, así como la necesidad de la adoración colectiva. Sería un momento de la verdad, la unidad y un recordatorio de propósito. Se pidió a las personas a renovar su pacto, su compromiso con el objetivo puesto delante de ellos. Hacer esto les permitió reevaluar su nivel de compromiso y de bucear en aún más profundo. Después de la lectura, Nehemías se acercó al podio y comenzó un discurso que llevó a la celebración. Las familias se celebraron entre sí, se alentó a los trabajadores, y los espíritus se levantaron. Lo que encontraron al final de esta celebración fue un nivel más profundo de compromiso y una mayor participación en lo que estaba por venir, ya que continuaron moviéndose hacia adelante.

Probablemente no es una buena idea para que usted haga una fiesta de siete días, pero es probable que tenga una oportunidad de acoger un picnic de la compañía, fiesta u otro evento de su elección para llevar a todos juntos para decir gracias. Que la gente sepa que usted aprecia lo que hacen. Eventos más grandes permiten a los trabajadores invitar a sus familias. Wornick una vez alquiló un pequeño parque de atracciones local donde los trabajadores traían sus familias. Se les dio paseos, comida y premios. Por invitar a las familias, mostraron agradecimiento no sólo al trabajador, sino también a la familia por su sacrificio. No tiene que costar un montón de dinero. Cuando usted está planeando maneras de mostrar aprecio, ser conscientes de que cuando estás más preocupado por el presupuesto de la gente, ellos sabrán. Por ejemplo, si sus empleados se presentan a una fiesta de pizza trabajo que han estado esperando toda la semana sólo para entrar y escuchar las temidas palabras "Sólo dos por persona", de repente, lo que era una recompensa ha sido ahora contaminada. Está bien tener un límite, pero cambie cómo se presentan las cosas. Trate de expresarlo como una petición: "Por favor, comenzar con 3 piezas para que todo el mundo tenga suficiente, entonces le invitamos a volver por más." Si usted no puede permitirse algo grande, encontrar algo que usted puede hacer bien dentro de su presupuesto a fin de evitar una respuesta negativa a un evento positivo deseado. Asegúrese de que si hay comida en la recompensa que siempre tiene suficiente. Usted no tiene que ir por la borda, pero asegurarse de que usted no está buscando barato eliminando cosas que importan.

Las celebraciones pueden venir en muchas formas diferentes. Pueden hacer un reconocimiento hacia 2 o 3 personas que han demostrado lo que estás queriendo en la cultura, tal vez mediante la mejora de un sistema o ayudar a completar un proyecto. Muchos se sentirán más comprometidos en su trabajo y su compañía simplemente recibiendo el reconocimiento verbal en presencia de sus compañeros. Decida lo que decida ofrecer como recompensa, asegúrese de que usted es específica en el nombramiento de qué era lo que les ayudó a ganar ese reconocimiento. Esto aclara lo que se está reconociendo y evita favoritismo.

Mientras que los premios son a menudo asociados con las celebraciones, ese tipo de eventos no necesariamente fortalecen relaciones. Como líder, animar a tu gente a pasar tiempo fuera del trabajo en conjunto. Si usted tiene un equipo que está batallando para conectar, tal vez la mejor cosa que puedes hacer es enviarlos a un boliche o para un curso de cuerdas donde deben aprender a enfrentarse a sus miedos juntos y trabajar en equipo. Tal vez la empresa necesita para configurar una sala de descanso donde la gente puede ir a jugar al billar o beber una taza de café y conocer unos a otros, no sólo las habilidades de cada uno de trabajo. Mientras más tiempo que las personas pasan la calidad con los demás, menos probabilidades han de hacer algo que es doloroso para alguien en su equipo y en esencia la empresa. Si sus empleados han construido una buena relación con sus compañeros de trabajo, que serán menos propensos a dormir en un lunes por la mañana porque entienden que causaría daños no deseados a sus amistades en el trabajo. Usted no puede obligar a la gente de la malla, pero se puede tomar la iniciativa en la creación de oportunidades para las amistades a desarrollar.

Junto con el cultivo de un ambiente para las amistades, intente crear una de agradecimiento y humildad. Hay algo especial acerca de estar cerca de personas que están agradecidas. Comienzan a borrarse en usted y cambiar el curso de su día. Ser agradecido es una elección y que debe hacerse todos los días. Problemas personales encontrarán su camino en nuestras vidas a diario. Si usted tiene un sistema para animar, la gente constantemente se recuerda de un propósito más grande y ser capaz de hacer caso omiso de las cosas pequeñas con mayor facilidad. Esto lleva al cuidado de unos a otros y hablar intencionadamente palabras que dan vida. Tal vez usted da las gracias en un evento semanal, o incluso escribir lo que dicen en una pizarra. Tal vez usted tiene una tarjeta de agradecimiento en la sala de descanso donde la gente puede poner una nota adhesiva con lo que está agradecido. Decida lo que funciona mejor para usted y cuando usted va a hacer de la gratitud una prioridad. Cuando usted tiene una actitud de gratitud, sus cambios de perspectiva diaria, le proporciona una mayor compasión y el deseo de hacer una diferencia. Hace que la gente tome conciencia de las luchas que otros están pasando, y aumenta la gracia se muestra a la otra.

Con el fin de desarrollar una cultura en la que se construyen relaciones genuinas, debe permanecer constante y firme. Permanecer agradecida por lo que otros están haciendo. Predicar con el ejemplo en esto. Cuando alguien muestra un esfuerzo extraordinario, decir gracias. Había una vez una máquina en el lugar de trabajo de Doug que necesitaba un poco de trabajo durante las vacaciones, y un ingeniero particularmente fiel fue llamado para solucionar el problema. Él estaba allí el día de Año Nuevo, los dos días después, inclusive el fin de semana para que la máquina estuviera lista cuando los demás volverían de las vacaciones. Él estaba allí todo el tiempo e incluso se quedó hasta tarde el siguiente lunes por la noche. En este tipo de situación, usted tiene la oportunidad de demostrar realmente la bondad. Haga algo agradable para toda la familia para mostrar su agradecimiento por su sacrificio. Hágales saber que usted aprecia el esfuerzo extra y que sea de agradecimiento. Dar una tarjeta de regalo a un buen restaurante y decir: "Espero que usted y su familia tengan una gran cena." No seas tan ocupado que se pierde de vista de las personas que están sacrificando y poner un esfuerzo extra. Cuando la gente ve que demostrar agradecimiento y realmente preocuparse por los demás, se les da la oportunidad de participar en hacer lo mismo. Siempre estar haciendo progresos en esta área. El hecho de que usted ha estado yendo a un partido anual de béisbol compañía durante 10 años no significa que usted necesita seguir haciendo eso. Sea creativo y sigan llegando con nuevas formas de mostrar preocupación.

Capítulo 11
Nehemías 9
Enseñándole a los Nuevos

La enseñanza continúa de la cultura deseada es importante. En Nehemías capítulo 9 verso 2, que se ve a la gente separarse de influencias negativas gracias a la cultura que se había creado. Como hemos dicho antes, es mucho más fácil crear una cultura de la tierra para arriba. Cuando usted comienza a enseñar a los nuevos principios, es posible que pasen unos años por la cultura para cambiar, pero es importante que comience a hacer ese cambio. Al recompensar el comportamiento que desea, establezca la visión y misión de la cultura que está tratando de obtener, enseñar el "por qué", el tren de la prosperidad mutua y hacer el esfuerzo necesario, entonces usted comenzará a ver el cambio.

Nehemías protegió la cultura que se había creado. Ellos se limpiaron a sí mismos de influencias externas. Se necesita más que hablar del cambio para que sea una realidad. Un constante proceso PDCA ayuda a garantizar la mejora continua, pero hay que tener pasión detrás del cambio también. En el capítulo 9, Nehemías toma el tiempo para un refrito de toda la historia del pueblo. Cuando trae nuevos empleados en su empresa, ajustes de tipo de orientación, les ayudará a entender cuáles son las expectativas. Recordar a la gente de vez en cuando sobre la historia y la comprobación de la cultura para asegurar que es o dónde debe estar, ayudar a mantener a todos en movimiento en el mismo camino. Ir a los Gemba de forma regular y comprender la cultura de suelo para que se puedan hacer cambios si es necesario. Como líder, si usted está demasiado lejos de la planta, puede no ser consientes de los cambios que suceden en la cultura. Si esto ha sucedido, cuando una nueva persona es influenciada habrá confusión debido a la discrepancia entre lo que se les dijo y lo que es, de hecho, realmente está sucediendo. Ellos perderán la confianza en ti como líder si no saber realmente lo que está pasando. Incluso aquellos que han estado allí por años necesitan recordatorios de la cultura como los cambios en la visión y realizar mejoras. Las expectativas deben ser claramente comunicadas con el fin de ayudar a las personas a mejorar en su posición para que puedan moverse hacia arriba.

Usted quiere asegurarse de que ha creado una cultura sostenible. Los programas de formación que incluyen entrenamiento y tutoría a los recién llegados en sus nuevos roles son importantes para asegurar que son capaces de saltar a la nueva cultura y más tarde enseñar a otra persona. Con demasiada frecuencia la gente hace muy bien cuando un jefe es todo, pero después de haber estado fuera un tiempo, la mejora y el progreso se detiene, ya no sucede. Esta es una clara indicación de que la cultura nunca fue verdaderamente adoptada. ¿Por qué este el caso? La expectativa no se ha establecido sobre una base sólida con un sistema en el lugar para asegurar que la cultura es sostenible. Si usted piensa que la cultura ha sido adoptada y, sin embargo no hay continuos cambios, debe localizar el área de la desconexión de manera que pueda ser corregido. Los recién llegados pueden ser de gran ayuda en este. Si lo que les han enseñado en la orientación no se alinea con lo que están viviendo todos los días, puede ser una gran oportunidad para ellos levantar la mano y empezar a hacer preguntas. Puede ser que no entendieron todo o puede ser que las cosas no van como se esperaba. Es importante que sus novatos sientan que pueden venir a usted o alguien a cargo, cuando no entiendan completamente algo. Entrene a sus novatos para acercarse al liderazgo cuando hay un problema para que estén claras las expectativas establecidas para ellos. Crear un ambiente para ellos de tal manera que se apresuran a admitir cuando echan a perder y tratar de buscar ayuda antes de ese punto si no están seguros. Pídale a alguien que se reúnen con ellos al final de cada día durante una semana para caminar a través de su día y asegurarse de que están haciendo las cosas bien y ayudarles a descubrir las áreas que se pueden mejorar. Si usted es el novato, tenga el valor de pedir esto.

En el verso 33, se ve a Nehemías reconociendo las caídas de las personas. Se les recuerda que tienen la opción de ser una parte del problema o parte de la solución. Usted tendrá nuevas personas que no han hecho esa elección todavía. Esperemos que la gente haya traído en que son enseñables y que deseen ser parte de la solución, pero incluso entonces, las transiciones pueden ser difíciles. Usted necesita tener estándares para ayudar a los nuevos a entender el sistema, dar expectativas claramente comunicados, y demostrar un conocimiento profundo del proceso PDCA para que puedan unirse rápidamente y ser una parte productiva del equipo.

La cultura israelita por el final del capítulo 9 fue uno que había superado muchas adversidades. Habían visto la finalización de la pared y su ciudad. Ellos habían estado juntos contra enemigos. Habían luchado contra la mentira y la duda. Se habían convertido en un frente unido. Es durante estos momentos que se hace muy fácil a la gente bajar la guardia y volverse laxos, por lo que Nehemías quería recordarles que aunque habían logrado una gran hazaña, todavía había más trabajo por hacer. Incluso en su propia tierra, después de todo lo que había logrado, todavía eran esclavos. Ellos estaban obligados a dar de su cosecha y los ingresos y de ser parte de los militares persa. Las nuevas personas que vienen verían sólo los resultados de meses de sacrificio y trabajo duro. Sin que se explicó la historia, los recién llegados serían rápida para mostrar el orgullo que podría haber causado un desastre en las relaciones públicas. Nehemías había sido intencional sobre la construcción de relaciones favorables a través de la autoridad del rey. Esas relaciones fácilmente podrían haber sido destruidos por un recién llegado que no entendía la necesidad de mostrar respeto hacia los países vecinos o por el trabajo que había tenido lugar. Si fuera jactanciosamente al desfile del proyecto, la desconfianza pudo haber sucedido. Todo el mundo tenía que ser claro sobre las expectativas y roles de nuevo. Se unificaron, se reunió de nuevo y un nuevo plan fue sellado por el liderazgo.

Capítulo 12
Nehemías 10
Compromiso y Confianza

En Nehemías capítulo 10 se encuentran personas que firman un pacto que declaró su compromiso con el éxito de las personas. Usted siempre debe tener el compromiso y la confianza para crecer realmente a su máximo potencial. Comprueben el nivel de compromiso de sus personas cada año, o incluso más a menudo. Evalúe su hoshin cada año para asegurarse de que todo lo que estás haciendo es realmente para su objetivo. Es necesario comprobar que las iniciativas del año pasado se completaron. Si no se completaron, es una oportunidad para evaluar por qué, ajustar el plan y crear uno nuevo para asegurarse que las cosas consiguen terminado.

El compromiso en el nivel ejecutivo o en el suelo tiene que ser el mismo, con todo el mundo la comprensión de la hoshin y trabajando hacia ayudarse mutuamente. A veces, nuestro hoshin cambia, por lo que el ajuste y creación de un nuevo plan es necesario. Al menos una vez al año para comprobar los niveles de compromiso de todos los involucrados. La Iglesia de la Comunidad de marca de agua en Dallas, Texas ejemplifica esto con su enfoque único para la membresía. Para unirse al principio, usted va a través de una serie de clases que enseñan acerca de los valores, expectativas, y el compromiso de que los pastores de la iglesia tienen para usted. Se le da la oportunidad de estar de acuerdo en unirse a la iglesia y participar en un ministerio. Cada año, la lista de miembros se borra y empiezan de nuevo. Ellos preguntan, "todos los miembros de la iglesia completar el formulario de 4B como una forma de reafirmar su pacto pertenencia y compromiso con las creencias, valores y compromiso de ser bíblicamente guiaron dentro de este cuerpo." (4B Evaluación del Crecimiento Espiritual 2015). El punto es comprobar el nivel de compromiso de las personas bajo su liderazgo. Es un momento para mirar hacia atrás en el año, evaluar el crecimiento personal y comunitaria, y tomar la decisión de cometer de nuevo o no.

Dentro de una empresa, usted tiene la misma oportunidad de conocer donde las personas se

encuentran en su nivel de compromiso y por qué.
Una encuesta simple es todo lo que se necesita
para entender lo que realmente está pasando en
sus mentes. Se les proporciona la oportunidad de
compartir las áreas donde han visto el
crecimiento personal. Es posible que desee hacer
esto trimestral, semestral o anual. Decidir qué es
lo mejor para su grupo y que sea una prioridad.
Un grupo de mejora se compone de la mejora de
los individuos. Cuando las personas dejan de
progresar, que afectará a toda la organización
para la comprobación de su crecimiento personal
es algo que no puede ser dejado de lado.

¿Qué tan comprometido está a su equipo para
ayudar a los demás? ¿Están realmente trabajando
juntos para afinar entre sí de modo que todo el
mundo está mejorando? Preguntas como éstas se
les debe pedir y deben caber dentro de un
sistema. Por ejemplo, digamos que para que
alguien sea un gerente, están obligados a recibir
capacitación en liderazgo, más formación en 5
habilidades específicas para un área de la tienda.
Debe haber un sistema en el lugar para
asegurarse de que cada empleado está pasando
por la formación en esas 5 habilidades. Después

de 6 meses de aprendizaje de las 5 habilidades en esa área, están más capacitados que estaban y están listos para ser trasladado a una nueva área donde pasan los próximos 6 meses siendo entrenados en 5 nuevas habilidades. Al final de un año, que ahora han ganado 10 nuevas habilidades y son capaces de trabajar en dos áreas, según sea necesario. Esta persona es ahora más valiosa que alguien que sólo puede trabajar en un área. La intencionalidad en el desarrollo de sus empleados con este tipo de entrenamiento cruzado animará su compromiso porque demuestra que usted está comprometido con su crecimiento.

Como líderes, restableciendo su compromiso con las personas les hace saber que usted es serio acerca de seguir adelante. Ser transparente en su proceso personal PDCA para que puedan ver su plan para el crecimiento como persona y como su líder. Esto le permite ser una fuente de estímulo e inspiración sin poner ningún esfuerzo extra. Al demostrar la pasión puesta en acción, puede ser un ejemplo de cambio positivo y la progresión que puedan seguir. Si no estás dispuesto a estar al frente y decir: "imitadores de mí " (1 Cor. 11: 1), entonces usted realmente debería pensar en su papel como líder y considerar dimitir por un poco líderes son vistos, imitaron. y seguido. Si usted está ocultando, usted no será capaz de liderar con integridad y honor. Su nivel de compromiso con el pueblo debe ser clara y debe ser capaz de sacar el coraje de eso.

Al realizar nuevos compromisos, es necesario establecer nuevos estándares y un plan para hacer que esos compromisos sean una realidad. Al igual que con las resoluciones de Año Nuevo, si hay pasión sin un plan, el fracaso es inminente. Debe tener pasos y conjunto de rendición de cuentas para seguir jugando. Tómese el tiempo para iniciar o reanudar un proceso PDCA basado en su plan ajustado con nuevos pasos de acción.

Si alguien está fuera de la norma, el proceso de volver a la pista tiene que basarse en un nivel de confianza de ambos lados. Una vez establecido un nivel más profundo de confianza, será más fácil simplemente preguntar por qué alguien está apagado estándar y cómo puede ayudarles a volver en el estándar. La mayoría de las personas experimentan el miedo en algún grado cuando necesitan buscar ayuda de un jefe o líder, pero a veces las preguntas simples son todo lo que se necesita para ayudar realmente a hacer ajustes rápidos y cambios progresivos. Si se está ejecutando un poco atrasado, pero te dicen el plan se pusieron de estar de vuelta en la norma, debe ser capaz de confiar en ellos. Ellos deberían estar haciendo esto no porque están tratando de complacer a usted, sino porque están siguiendo el sistema y el proceso que la cultura les ha enseñado. Este mismo procedimiento debe ocurrir con o sin su presencia. Si te acercas cuando están fuera de horario y no tienen idea de cómo volver en la norma pedirles que explicar lo que pasó para que pueda ayudar a crear un nuevo plan y resolver problemas para que la próxima vez que puede manejar los problemas. Usted quiere asegurarse de que está creando solucionadores de problemas y no sólo la solución de todos los problemas para ellos.

Cuando la gente se atrasa y se desespera, trate de ver esto como una buena oportunidad para infundir confianza con sus empleados. Ellos pueden estar buscando liderazgo para degradarlos, gritar en ellos, o incluso despedirlos.

Es importante cuando alguien pide ayuda, incluso en situaciones extremas, que responde con gracia y utiliza el momento *coachable*. Respetar y darles la ayuda que necesitan, pero no pierdas la oportunidad de reforzar su compromiso con ellos para que la próxima vez que hay un problema, que vienen a vosotros primera vez de dejar que las cosas se salgan de control. Esa persona va a ser rápido para pedir ayuda la próxima vez que algo suceda, y otros alrededor de ellos aprenderá que levantar la mano para pedir ayuda conseguirá resolver sus dudas, lo que a su vez puede ayudar a ahorrar tiempo y dinero a su empresa. Lo mismo ocurre en la vida personal de uno. Cuando usted está luchando con un problema, sólo levanta la mano. No espere hasta que haya agotado todos sus recursos y esfuerzos de establecer su orgullo y pedir ayuda. Toma la iniciativa. Si su matrimonio está luchando, no espere hasta que esté en su extremo de los ingenios. Busque asesoramiento, ir a una conferencia juntos, o encontrar una pareja mentor. Haga algo para demostrar que usted está dispuesto a luchar por la relación. Si su hijo tiene dificultades en la escuela, no espere hasta que ella sea una adolescente para obtener ayuda. Hable con sus profesores desde el principio, conseguir un tutor si es necesario, y corregir los problemas simples antes de que se conviertan en gigantes. De la misma manera, animar a sus hijos a hacer preguntas cuando no entienden. Inculcar en ellos un espíritu enseñable. Ayúdelos a aprender cómo obtener ayuda cuando la necesitan.

En los versos 32-39, Nehemías comienza a hablar sobre el desarrollo de una cultura que da de regreso. Nehemías incluido, da una parte de lo que tiene como ofrenda. Como una empresa o prospera individual, usted tiene la oportunidad de empezar a dar vuelta. ¿Por qué debe dar vuelta? Gálatas 6: 7 nos dice que se cosecha lo que siembra. Si usted está ofreciendo una contribución monetaria, la bondad, la hora, o algo más, estás sembrando semillas en los corazones. Usted está plantando una reputación basada en carácter sólido y la confianza ganando. Cuando usted está en necesidad, otros recordarán lo que hiciste por ellos y que lo más probable es ser atendidos. Las empresas y organizaciones tienen esta misma oportunidad. Usted puede dar la espalda a las personas dentro de la empresa a través de bonos, premios o regalos, o usted puede

185

encontrar maneras de dar a la comunidad. Considere las pasiones de su organización y dar a un grupo que está ayudando en esa zona. ¿Tiene un grupo de ingenieros que trabajan para usted? Tal vez ellos estarían interesados en dar a una después de ciencias de la escuela y el programa de ingeniería. ¿Dispone de un gran grupo de padres? Tal vez la inversión en un parque de la localidad donde se puede ayudar a construir un lugar seguro para los niños para jugar es una buena opción. Tal vez su empresa podría financiar una carrera de 5 km de semana para la conciencia del cáncer de mama. Las posibilidades son infinitas. Se le da un tesoro a invertir en otros. La construcción de una cultura en torno a retribuir trae propósito en lo que estás haciendo.

Incluso al dar, tiene que haber un sistema de rendición de cuentas. La transparencia pondrá fin a las falsas acusaciones. Se necesita un sistema para la protección de las reclamaciones. Las buenas intenciones pueden parecer malas si no se llevan a cabo a través del sistema que se encuentra en su lugar. Como empresa, usted tendrá grandes oportunidades para dar a la gente. Asegúrese de que usted ha tomado el cuidado de sus empleados primero. Si usted dice que son importantes, trátelos así. Una vez que son atendidos, puede decidir dónde y cuánto dar. Asegúrese de dar algo de lo que todo el mundo pueda sentirse bien. Anime a retribuir en escalas más pequeñas a lo largo del año. Alimentos o ropa son maneras fáciles de hacer esto, al igual que la participación en 5 Km de o hacer proyectos de servicio del equipo en la comunidad. No se sienta limitado. Hay necesidades en todas partes y a más ayuda a los demás, más aprecio que sentimos por lo que tenemos.

Capítulo 13
Nehemías 11
Construyendo Un Nuevo Liderazgo

Una de las claves para el mantenimiento de la cultura es cultivar nuevos líderes. En los versos 1-6 del capítulo 11, Nehemías describe el tipo de liderazgo que debe estar buscando. Busque liderazgo que fluye de un corazón de cuidado genuino y que se caracteriza por la humildad. La gente estaba echando suertes para decidir quién abandonaría sus tierras y se trasladaría a Jerusalén como representantes de sus respectivas áreas. Hubo muchos que voluntariamente se ofrecieron a sacrificar y mover en nombre de los demás. Estos individuos ejemplifican el tipo de líderes que debe buscar. Encontrar el tipo de líder que muestra una disposición a liderar el camino correcto y el sacrificio en nombre de los demás. Para que el crecimiento se produzca a un paso, el liderazgo debe tener lugar. Si esto es en una organización o personalmente, un corazón dispuesto a tomar una posición y tomar una decisión es necesario para el movimiento hacia adelante. Las decisiones tomadas fuera de cuidado genuino por los demás establecen un ambiente que estimula el crecimiento para todos los involucrados. La voluntad de dirigir por ejemplo es una cualidad que los demás siguen más fácilmente y apoyan por respeto recíproco. Muchas veces la gente se esfuerza en su carrera para ser el jefe, para que puedan decir que son a cargo y actuar como él, pero estamos hablando de liderazgo de servicio, con características como, ayudar a la gente llegar al siguiente lugar, resolución de problemas, y realmente el cuidado de personas. El desarrollo de estas características en su equipo de líderes es una necesidad. Para ello, sea un ejemplo de las cualidades que usted desea inculcar en los demás y ayudarles a desarrollar un plan para crecer en esa dirección. Avanzar personas que entienden y quieren promover la cultura es lo que la empresa quiere. A veces se necesita para invertir en ellos con el fin de desarrollarlas, pero el desarrollo de líderes es una parte crucial de su trabajo y no se puede descuidar.

Con el fin de tener la sostenibilidad a largo plazo, se debe criar líderes. Dado que las empresas crecen, tendrá líderes que se desarrollan debajo de ti, y luego ir a otro lugar. El liderazgo debe seguir desarrollando personas con el fin de manejar el volumen de negocio y asegurar que hay líderes capaces de tomar el lugar de los demás cuando se van. Si usted está funcionando una pequeña empresa familiar y su objetivo es disfrutar simplemente ejecutando una tienda pequeña y luego de dejar la empresa a su hijo, su estrategia de crecimiento de liderazgo se centrará en la planificación para el sucesor de su empresa en lugar de desarrollo. Ya sea que usted está ejecutando un pequeño negocio familiar o líder de una gran empresa, el desarrollo de nuevos líderes para tener el mismo estilo de liderazgo que sirve y se preocupa por los empleados y los clientes deben ser algo continuo y no que se deja para más adelante. El desarrollo de liderazgo es vital y se inicia muy temprano.

Es evidente que la comprensión, las funciones y responsabilidades que documentan ayudarán a proporcionar una estructura en la cual trabajar. Esto también alivia un poco la presión como un líder porque ya no se sentirá que debe hacerlo todo. Cuando usted sabe los roles necesarios para su proyecto, usted es capaz de delegar responsabilidades de acuerdo a la zona de enfoque de cada persona que es más eficiente y disminuye el estrés en general.

Roles definidos también son beneficiosas para los trabajadores en busca de liderazgo. Estas distinciones hacen más fácil que la gente sepa a quién pedir ayuda en lugar de ir a todas las personas equivocadas. Como gerente, cuando se le acerca un problema, usted debería ser capaz de identificar rápidamente a la persona adecuada para llamar a solucionar el problema. Cuanto más los roles se definen, más fácil es para reducir el tiempo perdido por la búsqueda de la persona que pueda ofrecer una solución.

Estos roles definidos deberían incluir una vía de desarrollo de liderazgo. La creación de este camino de desarrollo permite a los líderes recordar su propia necesidad de avanzar en medio de la manipulación de las necesidades diarias de los que les rodean. Tome Miqueas como un ejemplo de cómo crear este tipo de vía de desarrollo. Miqueas es un graduado de la universidad nueva que acaba de unirse a la compañía. Te sientas con él y te explica la jerarquía en su empresa y le pide que piense en sus metas hacia 2, 5 y 10 años. A continuación, comienza a trazar un plan para ayudar a alcanzar esas metas. Con el fin de alcanzar su objetivo de convertirse en un líder de equipo, debe aprender cada uno de los 5 puestos de trabajo en un área específica. Se crea una línea de tiempo y cheques para ayudarle a hacer eso en el próximo año. Cada objetivo se desglosa en cosas que puede hacer cada mes para lograr ese objetivo. Hay habilidades que debe aprender y rasgos de carácter que debe mostrar, pero ahora se sabe exactamente cuáles son esas cosas y se reunirán con su programa semanal líder del equipo para comprobar su progreso y hacer ajustes cuando sea necesario. A menudo sucede que una persona acaba de adaptarse a un trabajo y hace lo mismo todos los días durante años sin moverse hacia arriba. Es necesario que haya intención de desarrollar líderes. Este camino debe adaptarse de acuerdo con el resultado deseado. Si usted está entrenando a alguien a convertirse en un líder de equipo, a continuación, asegúrese de crear un plan para ellos que les ayudará a adquirir las habilidades necesarias para dirigir. Asegúrese de tener un plan para que estén aprendiendo más de una posición de modo que si alguien no está presente, el trabajo puede todavía conseguir hecho.

Asegúrese de que usted está desarrollando personas y no sólo habilidades. A menudo son las pequeñas cosas que se pasan por alto cuando una persona se mueve hacia arriba. La cortesía común como saludar por la mañana, siendo conscientes de las cosas importantes en la vida de aquellos que usted trabaja con, ser positivo y optimista, y ser accesibles son las cosas que necesitan ser desarrollado también. Liderazgo sucede todos los días. Mientras que usted puede tomar vacaciones o días libres de su trabajo, nunca se puede tomar vacaciones de liderazgo. Es importante vivir con carácter, para ser hombres y mujeres de valor como los encuentra en el versículo 14. El carácter es esencial. Algunas personas no tienen porque nunca se ha esperado de ellos. Cuando alguien tiene la oportunidad de ascender en el liderazgo, asegúrese de que usted está tomando el tiempo para incluir el desarrollo del carácter en su plan de desarrollo. En la cultura en que vivimos, espera un alto nivel de carácter no puede ser razonable, pero el establecimiento de un proceso de enseñar debe ser una prioridad. Espere que la gente haga lo correcto, pero cuando fallan, aplique PDCA para los eventos que sucedieron ya que te ayudan a comprender y cambiar de opinión con el fin de crecer. Usted debe ayudarles a ganar conocimiento de los valores de liderazgo, desarrollar métodos de cómo pueden responder mejor a eventos similares, y crear un camino para que ellos sigan.

El desarrollo de una actitud de agradecimiento fijará su cultura aparte y construir la unidad. En el verso 17, ves a la gente con liderazgo que tiene la actitud correcta. Los líderes decidieron comenzar sus momentos juntos con acción de gracias. Sabían que su papel era el de ofrecer alabanza y de guiar a otros en un tiempo y actitud de agradecimiento. Eran conscientes de cómo un corazón de gratitud afecta a la moral de las personas que los rodean. Su actitud como un líder cambia el ambiente que está rodeado. Cuando usted comienza a ejercer presión sobre el equipo de liderazgo, la actitud correcta al respecto puede cambiar su perspectiva de que la presión de una carga a una oportunidad. La comunicación eficaz debe producir respuestas emocionales positivas a nuevas tareas o cambios.

Considere la posibilidad de comenzar las conversaciones difíciles con un tiempo de agradecimiento en el que usted es capaz de expresar gratitud por lo que se ha hecho antes y después desafiarlos con lo que está por venir. Si una persona sale de la conversación con mucha confianza de que pueden cumplir la tarea puesto delante de ellos, que son mucho más propensos a ser capaz de hacerlo.

Una de las responsabilidades que tendrá como líder es determinar lo que entra y sale de su área de influencia. En el verso 19, Nehemías designa a 172 hombres para vigilar las puertas. Su único trabajo consistía en inspeccionar entradas y salidas de Jerusalén. Eran filtros para todo lo que entraba en la ciudad. Es su responsabilidad asegurarse de que lo que es contratado para el lugar de trabajo es beneficioso. Como protector, el líder debe traer a la gente que no va a derribar los muros que se han construido. Si sólo algunos de esos 172 hombres decidieron dejar en espías o corrupción, habría puesto en peligro a toda la ciudad. Esto no solo habla de la seguridad física, sino también a la salud emocional de su gente. Asegúrese de contratar a aquellos cuya actitud no

195

es tóxica. No tome mucho veneno para que toda una comunidad sea afectada, como el efecto de la levadura en la masa. Gálatas 5: 9 nos dice: "Un poco de levadura hace fermentar toda la masa."

Hay un corto teatro montado por los chicos del SkitGuys (2015) titulado "¿Qué te mantiene de seguir a Dios." Hay una parte de esta obra de teatro donde un padre es retratado hablando con su hijo adolescente que cree que no hay nada malo con sólo un poco de pecado. El padre hizo un lote de brownies "especiales" que el chico amaba. Después de comer algo, el padre le dice que el ingrediente especial era caca de perro, pero sólo un poco. El muchacho se mostró obviamente disgustado. Se tomó la moral de la lección de que sólo un poco de algo malo puede manchar todo el bien a su alrededor. Las actitudes son lo mismo. Sólo se necesita una persona con una mala actitud para cambiar toda la atmósfera.

Cuando vea malas actitudes, se rápido para hacerles frente. Averigüe la causa, y si es posible, hacer algo al respecto. Si se trata de una actitud que no parece que va a desaparecer, entonces algo más debe hacerse. La cocción no debe ser su primera opción. Después de abordar la situación en repetidas ocasiones, y habiendo documentado que, considera traer a esa persona en su oficina para una discusión. El Paseo por los acontecimientos que han tenido lugar y cómo usted y otros han tratado de ayudarlo. Describa cuáles son sus expectativas y su plan para él llegar a ese punto. Entonces considerar el envío a casa, con goce de sueldo durante 1-2 días para pensar en su futuro en su empresa. Si regresa, entonces usted tendrá un empleado que ahora entiende que tiene responsabilidades para trabajar como parte del equipo en lugar de su contrario, y también uno que sabe que usted y otras personas realmente están tomando el tiempo para invertir en su futuro. Para un líder, esto significa que usted no tiene que pasar por el proceso de contratación y la formación de nuevo lo que ahorraría pena de pago que mucho más de 1-2 días. Si él decide no volver, entonces es su elección y que has hecho lo que has podido. La actitud no puede permanecer en el medio ambiente o se va a destruir a todos aquellos a su alrededor. La gente va a tener malos días. Es la constante situación "cada día es un mal día" que debe ser abordado.

Usted puede tener una mala actitud en su oficina solo, pero cuando estás con los que usted está llevando, esa actitud debe cambiar. Bobbie le gusta referirse a esto como "El efecto de la actitud del niño." Cualquier padre sabe que, independientemente de lo bueno que es el plan, si un niño de dos años de edad, decide que no le gusta algo o no quiere hacer algo, todo el mundo se ve afectado. En una fracción de segundo, los niños pequeños tienen el poder de arruinar un día maravilloso para los hermanos, amigos y padres a causa de algo que no va con la suya, porque están cansados, o, a veces simplemente porque quieren la atención. El padre, sin embargo, tiene que tomar una decisión. Pueden ignorar al niño, ceder a sus deseos, o tratar el tema con el propósito de crecimiento. Usted, como líder, tiene las mismas opciones cuando las actitudes aparecen en el trabajo. Puede ignorarlo, ceder a ella para apaciguar la gente, o hacerle frente y esperamos que crezcan como persona. Si hay un sistema establecido en su lugar antes de que esto suceda, usted será capaz de manejar la situación mucho más fácilmente.

Al igual que las malas actitudes pueden arruinar el ambiente, buenas actitudes pueden traer un suspiro de alivio bienvenido. La risa, la bondad, el perdón, y este tipo de rasgos suelen ser infecciosos. Los líderes en el verso 2 de Nehemías 11 fueron los que optaron por salir y sacrificar en nombre de todos los demás en su área. Uno de cada diez líderes en un área viajaría a Jerusalén para establecer la Ciudad Santa y vivir entre los escombros en la ciudad y continuar la reparación y construcción de ésta. No era una posición glamorosa. Habría largos días de trabajo duro y largas noches de incomodidad. Sin embargo, muchos se ofrecieron como voluntarios para estas funciones. Ellos establecerán su derecho a permanecer en sus propias ciudades para unirse al lado de otros y trabajar para una sola causa. Imagina un lugar lleno de voluntarios. Hay algo dulce sobre el espíritu de esos lugares. Hay una expectativa de servir y una alegría que brota desde dentro al pensar en devolver y ayudar a otros. Esta misma actitud se puede encontrar y fomentó entre los trabajadores cuando entienden el "por qué" detrás de las tareas rutinarias diarias que están haciendo. Recordar a la gente de su propósito y ser rápido para expresar su

agradecimiento por el trabajo realizado puede
ayudar a la repetición parecen menos mundano.
Encontrar maneras de servir a los que te rodean
puede hacer cambios rápidos en la atmósfera.
Traiga donas en la mañana después de un día
difícil y servirlos con una sonrisa. Ponga música
de baile por la radio durante unos minutos para
despertar a la gente y traer una sonrisa a la cara
mientras hace el ridículo haciendo sus mejores
pasos de baile. Publicar notas aleatorias de
aliento en diferentes lugares que será visto por su
público objetivo. Camine alrededor y dar
palmadas con una sonrisa en su cara. Sea un
ejemplo de positividad para que otros sigan.

Palabras simples de aliento a un alma cansada
puede recorrer un largo camino. Habla palabras
de vida a la gente y vea como caen las paredes.
Las actitudes de agradecimiento, felicidad,
alegría, y paz pueden producir un ambiente
donde todos se ven afectados de manera positiva.
Esto eleva la moral, aumenta la productividad,
reduce la rotación de personal y fomenta
relaciones genuinas. Esta actitud no significa que
usted necesita ser hinchable todo el día, sino

simplemente ser intencional al vocalizar o escribir palabras que producirán la vida en alguien.

Capítulo 14
Nehemías 12
Cuidando sus Empleados

La creación de un ambiente donde la gente se siente genuinamente cuidada y valorada no es algo que sucede durante la noche. Algunas personas se apresuran a confiar, pero de acuerdo a una encuesta realizada por Inc.com, 25% de los empleados no confían en su jefe (Yakowicz 2014). Si la gente que te rodea no confía en su liderazgo, habrá lucha y tensión. Entonces, ¿cómo puede uno construir un ambiente que promueve la confianza y el respeto mutuo? ¿Cómo recuperar la confianza cuando se ha roto o dañado debido a errores anteriores? Estas son las grandes preguntas que vamos a cubrir en este capítulo.

Fomento de la cultura que usted está tratando de crear toma tiempo. A menudo necesita repetir las cosas una y otra vez ya que los cambios comienzan lentamente a hacer raíces y germinar. Una cosa que puede ser útil es la creación de un lugar seguro para ventilar frustraciones. Asegúrese de que, sin embargo, que las personas dejen ese lugar con un plan de acción positiva en lugar de un aumento de la ira. El establecimiento de una política de puertas abiertas donde la gente puede venir a expresar su descontento o frustración pueden ayudar a construir relaciones y fomentar el crecimiento, ya que se les da ayuda para seguir adelante. Para muchos que proporciona un punto de venta donde se sienten como que sus asuntos de voz y se oye. Como líder, asegúrese de que usted es atento en la escucha de estas preocupaciones y buscar la raíz del problema a medida que los pases por el método de resolución de problemas de 8 pasos mencionados en el capítulo 7. Este lugar no debe ser una sala de chismes, pero sí en una puerta abierta donde los problemas salen a la luz y abordados. Si un miembro de empleado o familiar se le acerca con un problema, tienes la oportunidad de construir la confianza con ellos. Ellos te están esperando para escuchar y ayudar a encontrar una solución a la cuestión que se planteó. Si escucha pasivamente y nunca hace nada, se le percibe como alguien que no se preocupa y no vendrá a usted en el futuro, ya que es visto como una pérdida de tiempo para hacerlo.

Otro constructor de la cultura es asegurarse de
que usted está realmente cuidando unos de otros.
En los versos 22-26, nos encontramos con un
sistema en el que el grupo se encarga de los
suyos. Los jefes de familia de los levitas, todos los
29 de ellos, se enumeraban y se paraban frente a
la otra para alabar y dar gracias por mirar el reloj.
Se habrían dado responsabilidades para que cada
minuto se cubriera con alguien el cuidado de las
cosas que había que hacer. Trabajaron juntos para
asegurar un sistema que beneficiaría a todos. Un
aspecto central del liderazgo está mostrando la
gente que te importa. Theodore Roosevelt dijo: "A
nadie le importa cuánto sabes, hasta que saben
cuánto te importa" (Theodore Roosevelt Quotes
2015). Una forma de mostrar la atención es ser
consciente de los grandes momentos. Trate de
asistir a eventos importantes como todo lo que
pueda porque es valioso para que la gente sepa lo
mucho que realmente importa. Herb Kelleher de
Southwest Airlines enseña que los funerales no
son opcionales, pero los partidos son. En su
empresa, usted necesita tener un equipo de la
benevolencia que muestra el apoyo cuando
alguien pierde a un miembro de la familia. Enviar
flores y representantes de su compañía para

demostrar que te importa. Los funerales son un momento en que la gente necesita ayuda, por lo que es importante que usted ofrezca ayuda durante este proceso. Seguimiento durante las semanas después de la muerte para ver cómo están.

Tómese el tiempo para llegar a conocer lo que está pasando en la vida de los demás. Si usted trabaja en promedio 40 horas por semana con 2 semanas de vacaciones al año, se trabaja alrededor de 2.000 horas o 250 días al año. Eso es más o menos un tercio de sus horas de vigilia en un año y el 50% de sus horas de vigilia durante la semana si se excluye fines de semana. Usted está con estas personas invirtiendo MUCHO! preocupándose por sus compañeros de trabajo debe ser una prioridad y es algo que viene con facilidad, pero a menudo no lo es. La cultura actual ha creado una segregación entre la vida laboral y la vida real. El problema es que usted es una persona, no dos. Cada parte de tu vida afecta a los demás. Durante un día de trabajo, si un compañero de trabajo es anormalmente lento, usted tendría más gracia para él si sabía que tenía un bebé en casa que tenía cólico. Si no conoce esta información, es posible que sea pronto para juzgarlo por ser perezoso y no hacer su parte. Cuando usted se preocupa por los que te rodean, tiene la oportunidad de ayudar a recoger la holgura de alguien por un período de tiempo para ayudarlo a través de esa vez en su vida sabiendo que cuando usted está pasando por algo, él hará lo mismo para usted. Reconociendo la motivación detrás de las acciones en lugar de sólo el resultado de las acciones es importante. Conocer a alguien el "por qué" puede explicar fácilmente el conflicto cuando las cosas no van tan bien como su probable buena intención deseada.

Hacer que la gente se sienta valorada y apreciada es algo que el liderazgo debe hacer. Usted debe ofrecerles una buena calidad de vida, no sólo un salario. Tratar a las personas como personas y verlos florecer en la vida, para que puedan disfrutar de sus familias, proporcionar oportunidades para sus hijos, y disfrutar de la vida debe ser de valor para su empresa. En el verso 27 nos encontramos con todos los levitas de las ciudades fuera de Jerusalén se trajeron para la celebración. Las oportunidades aquí en este verso no eran las personas que habían participado en el crecimiento de la ciudad, pero eran para los familiares de los que fueron. Los dirigentes tomaron el tiempo para traer a las familias para celebrar, a sabiendas de que iba a construir una comunidad en torno a Jerusalén y permitir que la cultura se desborde fuera de las puertas de la ciudad. El cuidado de las personas significa que usted necesita cuidar de sus familias también. Esto es a través de celebraciones y, a veces es a través de caminar con ellos a través de tiempos difíciles. Cuanto más sepa su gente, más fácil es saber cómo satisfacer sus necesidades.

Debido a que la gente es única en sus valores y necesidades, hay muchas herramientas que pueden ayudar en los tipos de personalidad distintivos para que pueda asegurarse de que está cuidando de ellos de una manera que ellos puedan entender. Una de ellas es la prueba del amor de Lenguaje creado por Gary Chapman (http://www.5lovelanguages.com), que explica cómo la gente recibe y expresa amor de diferentes maneras. Para algunos una placa con su nombre en él o una tarjeta de regalo hará que se sientan valorados y amados. Para otros un regalo significa muy poco, pero cuando un jefe se toma el tiempo para afirmar específicamente su trabajo es la motivación que necesita. Consciente de estas diferentes formas de recibir el amor por cada persona puede ayudar a asegurarse de que las personas se están construyendo en su lugar de trabajo y verdaderamente sientan que son una parte valiosa de la organización. Algunos grupos utilizan un sistema de código de colores en el que muestran un cierto color en el exterior de las puertas de la oficina de manera que cuando otros entran, ellos saben lo que el lenguaje de amor o de la personalidad de tipo ese individuo posee. Usted puede encontrar fácilmente otros exámenes de personalidad, como el que se encuentra en www.humanmetrics.com para ayudarle a llegar a conocer mejor a la gente y para que sea más fácil cuidar de ellos. En el trabajo y en casa, sabiendo las personalidades y los lenguajes del amor de quienes le rodean le permite cuidar de ellos en formas que sean significativas para ellos en lugar de cuidar de ellos lo que el deseo de ser cuidado.

Aunque hay mucho más para mostrar el cuidado que dar un cheque de pago, atención a las personas financieramente es vital. Usted no necesita tener transparencia con todo el mundo, pero definitivamente necesita tenerla con más de una persona para garantizar honestidad y la clara comprensión del uso del dinero. Tener una buena rendición de cuentas, incluso en el gasto de las autorizaciones, es importante. Los empleados deben encontrar fácil confiar en que el dinero que su compañía está gastando se realiza con prudencia y con ellos en mente. Si hay un excedente evidente de dinero, y nadie está siendo promovido ni con aumentos por su arduo trabajo, habrá una falta de confianza. La prosperidad mutua ofrece el salario máximo y la atención a las personas de sus habilidades y el desarrollo muestra que el corazón de la compañía está en el cultivo de las personas. Una empresa inteligente construye un sistema de ahorro para que durante tiempos difíciles, no es suficiente mantener los empleados en lugar de despedirlos. Lo mismo puede ser cierto para las familias en el ahorro para tiempos difíciles. Hay un nivel de comodidad de saber que hay suficientes recursos para tomarse su tiempo y hacer una buena decisión para el futuro.

La creación de esta cultura de la atención repitió

la prueba de confianza y respeto, pero es algo que se puede lograr. Si esa confianza se ha visto empañada, tomará un tiempo para que se construya una copia de seguridad, pero puede suceder. Incluso las mejores intenciones, si no se hace con amor, pueden dejar a la gente viendo puro egoísmo. Que sea una prioridad cada día para tomar el tiempo para tener conversaciones con la gente. Por lo menos, decir "Hola" y tal vez incluso llamarlos por su nombre. Si estás en la oficina todo el día, programe tiempo cada día para caminar en el suelo con la intención específica de sólo hablar con la gente y preguntando cómo son. Es posible que sólo se sorprenderá de cómo, "Panal de miel son las palabras agradables, dulces al alma y salud para los huesos " (Proverbios 16:24).

Una vez que has creado esta cultura, es fácil llegar a ser laxa en el mantenimiento de la misma. La gente se desliza de nuevo en las viejas formas de pensar. La alegría y el canto en Nehemías 12 se convierten en un recuerdo lejano. Antes de que te des cuenta, la negatividad se convierte en algo normal. Alguien pierde un detalle importante, hace algo que no debe, o causa problemas y el mundo puede parecer como que está cediendo. Ser coherente en el proceso PDCA ayuda inmensamente, pero si no se hace así, las cosas no desaprovecharán las grietas y las personas actúan como los humanos. Ellos desordenan y las relaciones se rompen. Una imagen de esta brecha de un proceso PDCA inconsistentes y la confianza rota ocurre entre los capítulos 12 y 13, mientras que Nehemías estaba de vuelta en Persia. Salió de la gente en un buen lugar. Habían logrado todo lo que habían propuesto hacer, los roles y las responsabilidades se habían definido, el liderazgo había sido entrenado y puesto en su lugar, y una dirección clara fue delante de ellos. Pero iba a regresar a una situación muy diferente.

Capítulo 15
Nehemías 13
Manejo de Conflictos

Nehemías regresa de Persia al principio del capítulo 13. En doce años, habían regresado, reconstruido la pared, reconstruido la ciudad, establecido el comercio, capacitado los líderes, definido roles, y creado toda una comunidad de personas dirigidas en la misma dirección. Cuando Nehemías fue a Persia, la cultura comenzó a cambiar y pequeños detalles comenzaron a olvidarse. Nehemías volvió a encontrar la corrupción en el interior, las relaciones rotas, y las personas complacientes. ¿Cómo respondió? Pasó revista a las normas con las personas y comenzó el proceso PDCA. No lanzó la gente fuera de las posiciones de liderazgo, sino que se utiliza este tiempo para entrenar y ser mentor de los que había confiado. Presentó la verdad; y que expresa la tristeza y el arrepentimiento. Sin detenerse en el pasado, le dio nuevas órdenes y la gente siguió adelante con lo que se esperaba de ellos. Nombró a unos nuevos líderes para manejar ciertas tareas, pero nunca se alejó de las relaciones que se habían establecido previamente. Se enfrentó a los conflictos, pero mantuvo el pueblo por primera vez en la forma en que respondió a ella.

Si no estás en medio de un conflicto, usted no se desarrollará. Eso es sólo parte de la vida. En el verso 1 del capítulo 13, Nehemías identifica que las personas están fuera de la norma y que no era un problema que había que abordar. El conflicto es inevitable ya que la gente se confunden en las expectativas, malentendidos, y en ocasiones las normas no será tan claramente comunicada como pensamos que son. Cuando llegue el conflicto, PDCA abordará la raíz del problema y ayudará a avanzar. En el verso 2, vemos a la gente fuera de la norma y los líderes se enfrentan a la cuestión de cómo tratar con ellos. ¿Vas a cumplir tu palabra? El liderazgo requiere disciplina. El estándar de la disciplina es alinear palabras y acciones. Si las normas para los empleados se han establecido claramente, existe el conflicto entre la persona y las normas en lugar de la persona contra la dirigencia. Debemos hacer frente a situaciones en las que las personas no cumplen con el estándar esperado. Su expectativa mínima es que la norma debe cumplirse. Como la gente crece y mejora, esas normas se pueden plantear de forma individual.

En el capítulo 13, nos encontramos con que había amonitas y moabitas viviendo entre la gente de Jerusalén y entrando en la Asamblea de Dios. Normas dictan que esto no debería haber ocurrido. Peor aún, se encontró una sala de almacenamiento para la ofrenda de cereal y el incienso de la casa de Dios que se ha convertido en una sala de Tobías el amonita, vivía ahí ¡Este fue el mismo Tobías que había estado tratando de frustrar la reconstrucción de Jerusalén todo el tiempo! Estaba viviendo en el corazón de Jerusalén. Las normas habían sido comprometidas para que esto suceda. Tobías había hecho a través de las puertas, a través de la ciudad, a través del patio exterior del templo y encontró su camino en una habitación para vivir. Cada persona que estaba fuera de la norma debía abordarse. En este caso, no habría sido suficiente para sostener el siervo templo a la norma, pero en lugar de rastrear el problema a su núcleo y entrenar a cada persona a lo largo de ese camino de regreso a la altura, evitó que esto vuelva a suceder.

Como líder, usted debe tratar de aislar el problema lo más rápido que puedas. No trate de dejar que el problema escale, porque el problema crecerá y afectará la actitud de todos a su alrededor. Trata los problemas como una enfermedad contagiosa. Cuanto más espere para hacerle frente, más gente se infectará. A menos que quieras un personal enfermo, debe lidiar rápidamente con el conflicto. Cuando surgen problemas, la gente se vuelve defensiva y dicen o hacen cosas que causan más problemas, por lo que tratan de hacer frente a ella en un lugar privado donde el tema se puede abordar sólo los que están involucrados. Si se maneja frente a los demás, puede causar fácilmente la vergüenza o falta de respeto o incluso hacer arrastrar a otros con ellos. Mantenga su reputación intacta, independientemente de lo que hicieron. Si elimina el conflicto de la mirada pública y tratar con él en privado, permite tiempos de entrenamiento y enseñanza. Si se llega al punto de que no se puede conseguir de la planta, pedir a la persona a salir, con goce de sueldo en caso de necesidad, y decirles que cuando vas a hacer una cita para hablar de ello. Sea específico por lo que hay una expectativa clara de que el problema se tratará. Si una norma está mal, necesita ser arreglado. Siempre que sea posible, esto debe ser encontrado a través del PDCA en lugar del conflicto. Asegúrese de que usted está dispuesto a caminar a través del proceso de identificación del problema y no sólo ser el "fabricante de problema".

En el verso 5, se ve un ejemplo de comportamiento justo y de liderazgo, cuando Nehemías se enteró de que Tobías había dado un trato de favor de su pariente. El favoritismo puede causar rápidamente conflicto. Usted quiere estar frente a los conflictos, no crearlos. Usted no quiere ser una parte de su propio enemigo. Usted no quiere dar a la gente la oportunidad de caer debajo de la norma. Usted se enfrentará a esos tiempos de querer mostrar favoritismo. Sin duda, usted tendrá sus favoritos, pero si se trabaja dentro del sistema y las normas que se han creado de manera justa y con razón, usted puede eliminar esos impulsos personales para dar más a unos y menos a otros debido a la simpatía. Busca a aquellos que están trabajando más allá para mantener y superar los estándares frente a los que les gusta estar en todo. Asegúrese de sostener que no hay favoritos, no sólo para el mismo nivel de expectativas, pero más allá de ellos. Si alguien está en su círculo íntimo, que deben celebrarse a un nivel superior de la disciplina. Si usted tiene gente en su círculo de liderazgo, deben estar allí, ya que han demostrado la capacidad de hacer el trabajo, superar las normas, tratar con justicia y equidad con las personas, el entrenador debe servir y cuidar a los demás, y se ganan su posición frente a la consecución de por qué ellos son tus amigos. Usted no debe tolerar ventajas injustas a causa de favoritismo, como dar trabajos especiales a alguien o posiciones más altas debido a la amistad o las relaciones familiares. Los Líderes jóvenes deben ser enseñados a promover sobre la base de normas y carácter a medida que suban de rango, ya que serán propensos a querer traer a sus amigos con ellos, independientemente de si han demostrado la disciplina necesaria para que la promoción o no. No permita el favoritismo.

Como líder, es su trabajo hacer frente a los

problemas. No seas como los muchos líderes que tratan de empujar a los problemas a otra persona. Si usted no sabe cómo manejar un problema en este momento, está bien hacer una cita al día siguiente para tratar con él y tomar ese tiempo de obtener el asesoramiento. Es mejor postergar el problema un día a que se ponga una tirita que no permita resolverlo. Usted debe ser comprometido a hacer lo correcto.

Muchas veces en resolución de conflictos:
1.) Reconocemos el problema pero escogemos ignorarlo.
2.) Resolvemos pobremente el problema.

Cualquiera de ellos es catastrófica en un entorno de liderazgo. Usted quiere abordar el problema, corregirlo, o resolverlo, a donde tanto defiende la norma y mantiene la relación personal intacta. Es muy importante que usted se ocupe de ella. Usted no está haciendo un favor a nadie, incluyendo a la persona que está fuera de la norma, con sólo ignorar el problema y actuar como si no existiera. Su trabajo, como líder, es para tratar con él. Es por el bien de la relación de los empleados, para la empresa, y por el bien del cliente. El objetivo debe ser hacer las cosas bien y volver a estar en la norma lo antes posible. No debería estar en la celebración de un rencor, permaneciendo amargo o recordándoles el pasado una y otra vez. El objetivo no es probar que tenía razón, para volver a la norma asegúrese de que todo el mundo se está moviendo hacia adelante.

En el verso 10, descubrimos que los levitas habían sido maltratados. Sus porciones (que se puedan imaginar salarios) habían retenido a pesar de que habían hecho su trabajo. Nehemías no quiso saber nada de eso. Se enfrentó a los funcionarios, las preguntas con el fin de comprender la situación, les recordó de las normas, establecer un plan en el lugar y luego lo ejecutó. Es importante que no permitamos el maltrato. Como una organización crece, es probable que tenga un líder joven que no se ocupa de las cosas como usted quiere. Es muy difícil para la gente conseguir más allá del ego "jefe", por lo que toma un PDCA constante de expectativas por parte del líder de mantener el orgullo de haciendo que se tratan a la gente pobre. Sigue trabajando el proceso de entrenar y servir a la gente con el fin de construir la cultura de poner a la gente primero. Recordatorios del modelo liderazgo de servicio son críticos como se entrena a nuevos líderes para servir a la gente en lugar de gobernar sobre ellos. Usted debe recordar constantemente a los líderes que tratar bien a la gente es la pieza más importante de su trabajo. Ellos son el activo más importante. Si se les trata bien, la empresa va a florecer junto con los líderes. Si no los tratamos bien, crea desconfianza, la ira, el resentimiento, la erosión de las normas que se pusieron en su lugar, la rotación de personal y los gastos a largo plazo de tener que reemplazar y capacitar a nuevos trabajadores constantemente. Asegúrese de que sus nuevos líderes son claras en las expectativas y tener un proceso PDCA que está comprobando y ajustando para asegurarse de que siguen la cultura que está intentando crear.

En el verso 11, se ve que el liderazgo es hacer preguntas con el fin de entender el verdadero problema. En lugar de saltar a conclusiones y asumiendo lo peor, Nehemías hace preguntas que les permiten explicar. Una vez que entendió el problema, los dejó ser parte de la solución. Los líderes que habían tambaleado, se establecieron en sus estaciones y ayudaron a llevar a cabo la solución con el fin de estar de vuelta en la norma. Ir al Gemba y tomar el tiempo para escuchar. No se limite a emitir un juicio sobre la base de un lado de la historia, pero consiga una comprensión profunda del problema para que pueda encontrar una solución y responder con la acción correcta. Después de lidiar con un conflicto que se plantea, tómese el tiempo para el proceso PDCA y ver cómo se puede mejorar en él la próxima vez. También busque cosas que funcionaron muy bien en la resolución del problema de modo que usted tiene una herramienta para usar más adelante.

Si es posible, permita que los que causaron el problema sean parte de la solución, incluso si usted no confía en ellos en el momento. La gente va a fallar y cometer errores, pero cuanto antes se pueden recuperar, perdonar y comenzar a ganar confianza en su capacidad para dirigir de nuevo, mejor. Buenos líderes aceptan los errores. Reconozca sus errores y trabaje en conjunto para buscar una solución. Si usted ha sido maltratado o herido en el proceso, sepa que un error no determina el carácter general de una persona. Deje que le ayuden a resolver el conflicto o solucionar el problema y acepta su remordimiento sin mantenerlo en su contra.

Anteriormente les dimos el método de resolución de problemas de 8 pasos. Si eso parece abrumador al principio, aquí hay una herramienta más sencilla:

1.) Identificar la fuente del conflicto: Localizar, aislar y extraer la fuente de conflicto. Esto le permite tener una conversación privada sobre lo que está pasando en realidad desde todas las perspectivas.

2.) Mira más allá del conflicto: No se conforme con la situación general del conflicto. Sigue buscando hasta que has llegado a todas las raíces del problema.

3.) Acordar estándares esperados: Recuerde a la gente acerca de los estándares y expectativas. De acuerdo a lo que son y donde se olvidaron.

4.) Crear una solución: Trabajar juntos, y encontrar una solución para que vuelvan a la altura. Ajustar el plan y tener claro los pasos que se deben tomar.

5.) Comenzar a dar la resolución: El conflicto no terminará inmediatamente. Ayuda a construir y crecer desde el conflicto durante el tiempo necesario para volver a ser un estándar.

3. **Concuerda** de acuerdo a estándares esperados

2. **Mira** a través del conflicto

4. **Crea** una solución

5. **Empieza** con solución PDCA

1. **Identifica** la fuente de los conflictos

Capítulo 16
Nehemías 13:15-30
Construyendo y Manteniendo Relaciones de Calidad

A medida que nos acercamos al final de la historia de Nehemías, vamos a hablar de cómo hacer lo correcto y asegurarse de mantener todo lo que ha trabajado. Si usted hace lo correcto pero el camino equivocado, seguirá estando equivocado. Asegúrese de que usted tiene procesos PDCA para sus estándares y también garantice que está tratando de construir y mantener relaciones con intencionalidad. Cuanto más grande sea su empresa o grupo, más extenso será el proceso. Incluso si su grupo es pequeño, debe asegurarse de que está frente a situaciones que irán surgiendo. Al ser transparente, justo y coherente, trate de hacer las cosas correctas en el momento adecuado. También debe contar con el propósito de poner a la gente primero, pues todos los que están involucrados en su plan son muy importantes, tanto para el sostenimiento de la cultura como la construcción de la mejora continua.

Los versos 15-16 sirven como un buen recordatorio para las grandes empresas o en crecimiento, ya que nos recuerda que las normas son importantes para tratar con la gente de la manera correcta durante el proceso que continúa a diario. En estos versos, Nehemías se apresura a señalar casos que están fuera de la norma. Algunas personas hacían negocios el día sábado, y otras estaban reclutando a forasteros para ir a vender también ese día, lo que significaba que otra dirección había permitido que las normas sean ignoradas en favor de la obtención de riquezas. Nehemías responde a estas cuestiones en el verso 17. Él se enfrentó a los nobles y les preguntó directamente acerca de lo que estaba ocurriendo. Esto nos recuerda que debemos preguntarnos cuándo las cosas están fuera de la norma, y buscar respuestas correctas para que el conflicto disminuya y así seguirá en marcha el progreso. Así es el liderazgo: aferrarse a lo que es correcto, incluso si va en contra de la opinión popular. Actuemos como Nehemías, aborda este problema que no sólo aborda el tema, sino que lo utiliza como un momento de aprendizaje. Les recuerda la historia y cómo los errores similares habían sido tan costosos para ellos antes, y después ajusta el plan por poner fin de inmediato a la injusticia que se estaba haciendo y empezar a corregirlos. Las normas fueron reintegradas y reforzadas.

Cómo manejar las quejas, conflictos y agravios, asegúrese de ir al lugar correcto para hacer que la acción suceda y que resolverá los problemas. Ser capaz de dar una respuesta ayuda en la construcción de confianza, especialmente si también puede explicar por qué la respuesta es de esa manera. Una vez conseguido que los empleados entiendan el "por qué", pueden ver el propósito de lo que está tratando de llevarse a cabo y luego estarán aptos para trabajar uno al lado del otro en la construcción y el mantenimiento de sus relaciones. Nehemías tomó el tiempo necesario para explicar a los líderes de cuál era el problema, qué resultados anteriores hubo en decisiones similares, y cómo esos problemas y decisiones harían daño a las personas que debían protegerlos. Los tiempos de conflicto o quejas pueden ser una gran oportunidad para el crecimiento. No se apresure por los tiempos, al contrario, aproveche los momentos de enseñanza.

Cuando la gente habla de los residuos, por lo general mencionan la pérdida de tiempo, dinero y energía. Pero una de las cosas más importantes que desperdiciamos dentro del liderazgo es la captura de las opiniones, pensamientos e ideas de las mentes brillantes que están realizando tareas día tras día. Construir relaciones con estas personas y darles la oportunidad de expresar sus ideas de cómo creen que pueden aumentar su productividad permite escuchar de los expertos que están haciendo estas tareas. La construcción de un sistema para que usted pueda capturar los pensamientos es vital. Asegúrese de que usted construya esas relaciones para que se sientan cómodos expresando estas ideas. No seas tan orgulloso como para pensar que las cosas deben seguir igual porque así es como lo hiciste antes o así es como se ha hecho durante 10-15 años. Esté abierto a explorar sus pensamientos e ideas. Esto no va a suceder, sin embargo, si las personas no se sienten seguras y protegidas dentro de su entorno. Sea consciente de cómo la corrupción, incluso en pequeñas cantidades, afecta a las personas y silencia las voces de sus mejores mentes.

En el verso 22 encontramos que Nehemías purifica a los levitas. Habían sido flojos en el trabajo, lo que permite la corrupción para facilitar su camino en la ciudad y ejecutar de forma ambiciosa. Habían perdido la confianza y el respeto de la gente. Esto demuestra que si no se ocupan de las cosas de la manera correcta, se verán afectadas las personas y pueden perder la confianza establecida. Hacer que la gente fije las cosas bien y trabajar en la construcción de esa confianza de nuevo toma la intencionalidad y los líderes que guían a la gente hacia el restablecimiento de las relaciones. Usted debe recordar constantemente a la gente el trabajo que se ha hecho, el "por qué" de lo que está haciendo actualmente, y la visión preparada al futuro, para que continúe la construcción de un espíritu de unidad y amistad en el avance hacia su hoshin. Siga mentalizando a las personas acerca de las normas y por qué existen, con esto se aumenta la comprensión de las expectativas y a la vez disminuye la confusión y la falta de certeza. Reconstruir la confianza toma tiempo. Tiene que haber una voluntad de ambas partes de reconocer el problema, para determinarse a buscar el perdón y ofrecerlo, y luego una elección consciente para seguir adelante sin detenerse en el pasado. Tenga un plan en el lugar de la dirección para mover esa relación hacia adelante a través de acciones que impulsan. Nehemías puso la misma tribu levita de nuevo el encargo de custodiar la puerta. Estarían allí cada día tratando de recuperar la confianza que habían perdido. Vea el corazón de la persona y no sólo sus acciones. Perdone rápido y sea lento para enojarse.

En el verso 23, vemos el matrimonio de judíos y no judíos. ¿Cómo encaja esto en un libro que pide liderazgo? Bueno, asegúrese de que te vas a casar con las personas adecuadas! Cuando usted contrata a gente nueva, se une con otros en nuevas empresas, y atrae a la gente a su organización, usted está eligiendo a vivir la vida con ellos. Asegúrese de que la gente se una contigo, y así entenderán la cultura que desea crear, y en conjunto tendrán una visión común y la comprensión del "por qué" y el hoshin que estás trabajando. Nunca deje a las contramedidas del problema. Nunca deje la mejora, para que pase dentro de los individuos y dentro de los grupos. Si usted quiere "casarse con" alguien que tiene valores diferentes, va a tener una gran cantidad de conflictos. Conozca sus sistemas de valores, no sólo sus habilidades. El mundo no es perfecto, por lo que la búsqueda de las personas perfectas para llevar a bordo será difícil. Busque aquellos que son enseñables e inclinarse hacia un liderazgo, para entrenarlos en el sistema de mejora continua PDCA.

La protección de la cultura que usted ha impuesto en su empresa puede ser tan difícil como crearla, para empezar. El desarrollo constante de nuevos líderes dentro de este sistema ayudará a eso. Cuantas más personas entiendan y respondan dentro del sistema, más fácil será para la gente nueva a ver que en la acción y confiar en el sistema. En el verso 24, se ve una cultura donde los niños (la próxima generación) ni siquiera podían hablar su lengua materna. Si usted no está entrenando y desarrollando nuevos líderes y nuevas personas que se unen a sus equipos, entonces se encuentra con una división en su grupo, donde parece que la gente habla dos idiomas diferentes. La comunicación será deficiente y los problemas comenzarán a emerger como el abismo al extenderse cada vez estará más separado. Regrese a las normas, revíselo, ajústelos, y diseña un nuevo plan para seguir adelante con todos a bordo. Es muy importante que todos estén en la misma página en la forma de tratar a las personas y cómo se ejecuta el negocio. Esto debe ocurrir en todos los niveles de la empresa.

Nehemías dice: "acuérdate de mí para siempre." La cosa más grande que se puede pedir en la vida de otra persona es ser una parte de su testimonio de cómo impactó su vida de forma tan positiva, que hable de usted cuando otros expresan acerca de su camino de crecimiento, y también escuchar hablar sobre el líder que los contrató, sus mentores les dio oportunidades, y cuidó lo suficiente a ellos para ver florecer en su propia carrera y en su vida. Que ellos sepan cómo un líder ha hecho una diferencia en la vida. No se trata de personas que sean leales por debajo de usted, sino de la construcción de las personas para que puedan prosperar. Como líder, usted quiere que crezcan, para que mejore su familia en todo aspecto, su corazón y su visión. Usted quiere que ellos sean capaces de hacer algo que no podría haber hecho por su cuenta, y quiere apoyar eso.

Hay personas que necesitan ayuda y personas que merecen ayuda. Los que merecen la ayuda son con los que usted debe trabajar primero, los que están construyendo una cultura adecuada, y los que están invirtiendo en ellos mismos y su crecimiento para que puedan impactar a otros. Nuestra esperanza como líderes es ser una parte de sus historias, para que cuando lleguen a donde se dirigían, puedan mirar atrás y hablar bien acerca de lo que has hecho en sus vidas. El trabajo en la construcción de relaciones de calidad solo son con los que se lo merecen, y no con aquellos que lo necesitan. Hay una gran cantidad de personas que necesitan ayuda y se le extendió la mano pero se desaniman por la falta de crecimiento; si no eres exigente, cómo podemos ayudarlo. La gente tiene que estar dispuesto a tratar de poner un esfuerzo o no hay mucho que puede hacer por ellos. Trabaja con aquellos que quieren cambiar y hacer un impacto, y verás que ellos harán grandes cosas. Tenga cuidado de no interponerse en su camino, pero alentarlos a explorar todo lo que hay para ellos.

Capítulo 17
Conclusión

"¿Puede una persona realmente hacer una diferencia?" Muchos se han preguntado así, pero esta pregunta tiene una gran cantidad de ejemplos, y podemos obtener múltiples respuestas. Una persona puede hacer la diferencia. El alcance de esta diferencia varía de persona a persona, pero puede fabricar diferencias. Usted puede optar por dar el servicio a los demás. Puede iniciar cambios positivos. Usted puede guiar hacia la meta de otros y afectar sus vidas. Así que tal vez una mejor pregunta sería "¿cómo puedo hacer una diferencia?" Es fácil mirar a los líderes que respetamos y vemos el resultado de años de duro trabajo y crecimiento. Puede el deseo de ser como ellos, pero aún no sabe cómo llegar allí. Muchos niños lo utilizan para soñar con ser Michael Jordan. Los resultados de años de ejercicios y horas de trabajo extra los llevaron a perfeccionar sus habilidades de baloncesto. A menos que usted está dispuesto a poner en riesgo su trabajo para obtener esas habilidades, lo más probable es que prefiera permanecer sentado delante del televisor viendo el partido en lugar de participar en ella. La construcción de habilidades de liderazgo no tiene caminos diferentes. Se necesita trabajo, intencionalidad y un fuerte deseo de desarrollar. El liderazgo es más natural para algunos tipos de personalidad que para otros, pero la perfección de habilidades aplicado en el tiempo necesario impulsan el desarrollo hacia el crecimiento.

"No estoy calificado" es la declaración que muchos hacen. La realidad es que nosotros impactamos a la gente que nos rodea, ya sea positiva o negativamente, pese a tener escasas interacciones en el medio. En la estancia, los padres tienen una enorme responsabilidad de llevar a los niños en el cultivo de crecimiento en todos los aspectos de sus vidas. Un empleado puntual ayuda a determinar el ambiente de trabajo a través de la actitud. Un jefe de equipo se mueve a lo largo de los procesos desde el nivel del suelo e instruye a la gente. Todos en general, los gerentes y jefes, tienen el potencial de influir realmente sus vidas a través de la gente, muestran ser auténticos y sirven independientemente de sus habilidades. Cuando no se puede hacer algo o no sabes algo, pida ayuda a alguien que sepa responder tus dudas. Nehemías era un copero antes de seguir a su corazón, y llevó a la gente a lograr grandes cosas. Definitivamente no era la persona más calificada, pero él se preocupaba profundamente, y lo demostró buscando la sabiduría en cada una de ellas

Evite el contacto con su propio ser. A menudo creamos nuestros propios obstáculos que nos impiden convertirnos en todo una potencialidad. Ya sea por miedos, inseguridades, dudas o experiencia, no deje que estas cosas lo intimiden. Trate con ellos. Enfréntate a ellos. Diga siempre la verdad. Haga un plan y comience a avanzar.

Invite a otros a unirse a su lugar en el liderazgo. Es muy solitario y deprimente estar en la parte superior de la escalera de éxito solo, por centrarse en el cumplimiento de tareas y haberse olvidado de la gente en el camino. Asegúrese de prestar atención y comuníquese bien con las personas que están cerca de ti. Invítelos a unirse a usted en su viaje, incluyendo fortalezas y debilidades, y así será capaz de disfrutar del éxito después del camino y no contentarse por un simple momento fugaz sobre la cima antes de venirse hacia abajo.

Para terminar, he aquí unos consejos para ayudarle a seguir adelante:

1.) ¿Cómo puedo empezar? Solo empieza. Obtenga un plan y empiece. El plan va a cambiar, así que no te preocupes por eso de ser perfecta, acaba de empezar.

2.) Yo sólo soy un empleado, ¿cómo puedo ayudar a cambiar mi empresa? ¡Hacer más de lo que le pagan por hacer! ¡Ir más allá! Involúcrese y sea parte de la solución, no parte del problema. Se dará sus frutos en el tiempo.

3.) ¿Es realmente posible? ¡Sí! El mundo está lleno de gente común que hicieron y están haciendo cosas increíbles. Se necesita creer y hacer. ¡Tener persistencia cuando se pulse la resistencia! ¡La resistencia es lo que te hace más fuerte!

4.) ¡Recuerde el principio de la siembra y la cosecha. Si desea obtener, debe sembrar!

5.) Sigue empujando y siga su corazón mientras lo conduce el Señor. Las mismas paredes que ponen para mantener fuera a la decepción y el dolor también mantendrá fuera la felicidad y la alegría. ¡Siga su pasión y propósito y haga una diferencia en el mundo!

6.) ¡Deje que los demás vivan vidas pequeñas, no usted! ¡Aproveche el potencial que Dios le ha dado!

1 Corintios 3:10-14

"Pues nadie puede poner otro fundamento que el que ya está puesto, el cual es Jesucristo. Ahora bien, si sobre el fundamento alguno edifica con oro, plata, piedras preciosas, madera, heno, paja, la obra de cada uno se hará evidente; porque el día la dará a conocer, pues con fuego será revelada; el fuego mismo probará la calidad de la obra de cada uno. Si permanece la obra de alguno que ha edificado sobre el fundamento, recibirá recompensa ."

¿Sobre qué está construido su fundamento?

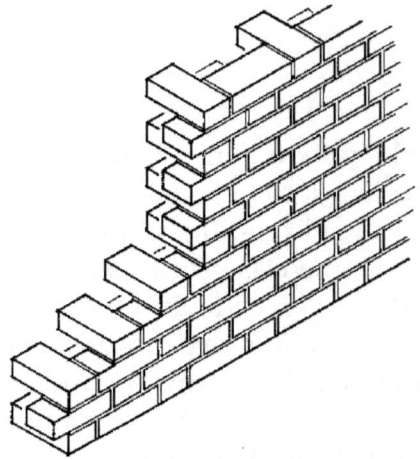

Verdad Fundamental #1:

Dios te ama y ofrece un plan maravilloso para tu vida.

Juan 3:16
Porque de tal manera amó Dios al mundo, que dio a su Hijo unigénito, para que todo aquel que cree en El, no se pierda, mas tenga vida eterna.

Juan 10:10
El ladrón sólo viene para robar y matar y destruir; yo he venido para que tengan vida, y para que la tengan en abundancia.

Verdad Fundamental #2:

Todos hemos pecado y que el pecado nos separa de Dios.

Romanos 3:23

por cuanto todos pecaron y no alcanzan la gloria de Dios,

Romanos 6:23

Porque la paga del pecado es muerte, pero la dádiva de Dios es vida eterna en Cristo Jesús Señor nuestro.

Entonces, ¿cómo puede una persona que está separado de Dios llegar a ser en relación con Él?

Verdad Fundamental #3:

Jesucristo es el único camino para que nuestros pecados sean expiados y nos permiten tener una relación con Dios.

Romanos 5:8

Pero Dios demuestra su amor para con nosotros, en que siendo aún pecadores, Cristo murió por nosotros.

1 Corintios 15:3-8

Porque yo os entregué en primer lugar lo mismo que recibí: que Cristo murió por nuestros pecados, conforme a las Escrituras; que fue sepultado y que resucitó al tercer día, conforme a las Escrituras; que se apareció a Cefas y después a los doce; luego se apareció a más de quinientos hermanos a la vez, la mayoría de los cuales viven aún, pero algunos ya duermen; después se apareció a Jacobo , luego a todos los apóstoles, y al último de todos, como a uno nacido fuera de tiempo, se me apareció también a mí.

Juan 14:6
Jesús le dijo: Yo soy el camino, y la verdad, y la vida; nadie viene al Padre sino por mí.

Verdad Fundamental #4:
Tener conocimiento de estas cosas no te convierte en un cristiano. Ir a la iglesia, orar, leer la Biblia o ser una buena persona no lo hace cualquiera. Debemos creer y recibir a Jesucristo como nuestro Salvador y Señor. Es por su gracia, mediante la fe que podemos tener una relación con Dios, no una religión.

Juan 1:12
Pero a todos los que le recibieron, les dio el derecho de llegar a ser hijos de Dios, es decir, a los que creen en su nombre,

Efesios 2:8-9
Porque por gracia habéis sido salvados por medio

de la fe, y esto no de vosotros, sino que es don de Dios; no por obras, para que nadie se gloríe.

Romanos 10:9
que si confiesas con tu boca a Jesús por Señor, y crees en tu corazón que Dios le resucitó de entre los muertos, serás salvo;

Confiar en Cristo implica que reconoce su pecado, su necesidad de un Salvador, y confiar en que Jesús entre en su vida que le perdone sus pecados y para darle vida. Hay muchas fundaciones que las personas tratan de construir su vida sobre. La Biblia es clara que todas las otras fundaciones aparte de Jesucristo te fallará. Te reto a que busque por ti mismo. Leer una Biblia y aprender quién es realmente Jesús.

Tal vez usted ya ha encontrado que todas las otras fundaciones están defectuosos y ya está listo para subirse a una roca sólida. No es necesario para limpiar su vida, o ser perfecto antes de llegar a Dios. Tal vez necesita dejar de ahora mismo y decirle que usted cree y confía en Él. No se cómo. He aquí un ejemplo:

Jesús, creo que moriste en la cruz por mis pecados y te pido que me perdones. Gracias por tomar mi lugar

243

y recibir la muerte que yo merecía por lo que se puede
dar la vida eterna a través de usted usted. Creo que
resucitaste de entre los muertos y conquista el pecado
la muerte para que yo pudiera vivir. Te doy mi vida y
pido que sea mi Salvador y Señor.
En el nombre de Jesús, Amén.

Si esta oración, o tiene preguntas, nos encantaría
saber de usted. No dude en enviarnos un email a
info@timeandeternity.net o contacte con
nosotros en nuestra página web en
www.TELeadership.com

Bibliografía

"Evaluación del Crecimiento Espiritual 4B." Iglesia de la Comunidad de marca de agua. 2015. https://survey.watermark.org/survey/4b2015/welcome (consultado el 16 de febrero 2015).

Ambrose, Stephen E. Hermanos de sangre: E Company, 506o regimiento, 101o de Normany al Nido del Águila de Hitler. Simon & Schuster, 2001.

"American Time Encuesta de Empleo." Oficina de estadísticas laborales. 30 de septiembre de 2014. http://www.bls.gov/tus/charts/ (consultado el 16 de febrero 2015).

Attiyah, Ray. Ejecute Mejorar Grow: Su hoja de ruta de extinción de incendios para el crecimiento de visita intrépida. 2013: Bibliomotion, Inc, 2014.

Ford, Henry. Henry Ford de Presupuestos. sin fechahttps://www.google.com/url?sa=t&rct=j&q= &esrc=s&source=web&cd=6&cad=rja&uact=8&ved =0CD0QFjAF&url=https%3A%2F%2Fmedia.ford.co m%2Fcontent%2Ffordmedia%2Ffna%2Fus%2Fen% 2Fasset.download.document.pdf.html%2Fcontent %2Fdam%2Ffordmedia%2FNorth%2520America%2 FUS%2F2.

Chicos, Obra de Teatro. ¿Qué le mantiene Desde Siguiendo
 Dios? 2015.
 https://skitguys.com/videos/item/what-keeps-
 you-from-following-god.

Kingsbery, Jamie. 33 Startups que murieron Reveal Por qué
fracasaron. 29 de junio
2013.http://www.businessinsider.com/33-startups-that-
died-reveal-why-they-failed-2013-6#failure-10-we-made-
deadly-cultural-and-strategic-mistakes-10.

Kipling, Rudyard. Recompensas y Hadas. En Primer Lugar.
Garden City: Doubleday, 1910.

Kipling, Rudyard. Recompensas y Hadas. En Primer Lugar.
Garden City: Doubleday, 1910.

Murray, John, y Josias Leslie Porter. Manual para viajeros
en Siria y Palestina. Palestina: Murray, 1868.

Restauri, Denise. Sus Roaring años treinta: Brutalmente
honesto Carrera Talk De Mujeres que venció la trampa de
la Juventud. Forbes Media, 2014.

Theodore Roosevelt de Presupuestos. 15 de junio de 2015.
 http://www.theodorerooseveltcenter.org/Learn-
 About-TR/TR-Quotes.aspx.

Wolchover, Natalie. Ciencia Viva. 7 de mayo de 2012. http://www.livescience.com/33895-human-eye.html (consultado el 15 de febrero 2015).

Yakowicz, Will. ¿Por qué sus empleados no confían en ti. 29 de abril de 2014. http://www.inc.com/will-yakowicz/25-percent-of-employees-dont-trust-their-boss.html (visitada 2015).

Ziglar, Zig. Zig Ziglar de Secretos del cierre de la venta. Berkley Comercio, 1985.

"4B Spiritual Growth Assessment." *Watermark Community Church.* 2015. https://survey.watermark.org/survey/4b2015/welcome (accessed February 16, 2015).

Ambrose, Stephen E. *Band of Brothers: E Company, 506th Regiment, 101st Airborne from Normany to Hitler's Eagle's Nest.* Simon & Schuster, 2001.

"American Time Use Survey." *Bureau of Labor Statistics.* September 30, 2014. http://www.bls.gov/tus/charts/ (accessed February 16, 2015).

Attiyah, Ray. *Run Improve Grow: Your Roadmap from Firefighting to Bold Business Growth.* 2013: Bibliomotion, Inc, 2014.

Ford, Henry. *Henry Ford Quotes.* n.d. https://www.google.com/url?sa=t&rct=j&q=&esrc=s&source=web&cd=6&cad=rja&uact=8&ved=0CD0QFjAF&url=https%3A%2F%2Fmedia.ford.com%2Fcontent%2Ffordmedia%2Ffna%2Fus%2Fen%2Fasset.download.document.pdf.html%2Fcontent%2Fdam%2Ffordmedia%2FNorth%2520America%2FUS%2F2.

Guys, Skit. *What Keeps You From Following God?* 2015. https://skitguys.com/videos/item/what-keeps-you-from-following-god.

Kingsbery, Jamie. *33 Startups That Died Reveal Why They Failed.* June 29, 2013. http://www.businessinsider.com/33-startups-that-died-reveal-why-they-failed-2013-6#failure-10-we-made-deadly-cultural-and-strategic-mistakes-10.

Kipling, Rudyard. *Rewards and Fairies.* First. Garden City: Doubleday, 1910.

Koukl, Gregory. "A Good Reason for Evil." *Stand to Reason.* 1997. http://www.str.org/articles/a-good-reason-for-evil#.VOFGGfnF-1U (accessed February 15, 2015).

Murray, John, and Josias Leslie Porter. *A Handbook for Travellers in Syria and Palestine.* Palestine: Murray, 1868.

Restauri, Denise. *Their Roaring Thirties: Brutally Honest Career Talk From Women Who Beat The Youth Trap.* Forbes Media, 2014.

Theodore Roosevelt Quotes. June 15, 2015. http://www.theodorerooseveltcenter.org/Learn-About-TR/TR-Quotes.aspx.

Wolchover, Natalie. *Live Science.* May 7, 2012. http://www.livescience.com/33895-human-eye.html (accessed February 15, 2015).

Yakowicz, Will. *Why Your Employees Don't Trust You.* April 29, 2014. http://www.inc.com/will-yakowicz/25-

percent-of-employees-dont-trust-their-boss.html
(accessed 2015).

Ziglar, Zig. *Zig Ziglar's Secrets of Closing the Sale.* Berkley
Trade, 1985.

www.ingramcontent.com/pod-product-compliance
Lightning Source LLC
Chambersburg PA
CBHW051858170526
45168CB00001B/157